Ellen Ueberschär

Fürchtet euch nicht!

Ellen Ueberschär

Fürchtet euch nicht!

Frauen machen Kirche

KREUZ

Für Lydia und Julia

MIX
Papier aus verantwor-
tungsvollen Quellen
FSC® C106847

© KREUZ VERLAG
in der Verlag Herder GmbH, Freiburg im Breisgau 2012
Alle Rechte vorbehalten
www.kreuz-verlag.de

Umschlaggestaltung und Konzeption: Agentur R.M.E
Eschlbeck / Hanel / Gober
Umschlagmotiv: © Designbüro gestaltungssaal
Sabine Hanel / Alexandra Gober
Autorenfoto: © Deutscher Evangelischer Kirchentag

Satz: de·te·pe, Aalen
Herstellung: fgb · freiburger graphische betriebe
www.fgb.de

Printed in Germany

ISBN 978-3-451-61123-0

Inhalt

Fürchtet euch nicht! – Vorbemerkungen

Ich fange mit einer Anekdote an: 2011, also im Jahr 22 nach dem Fall der Mauer, lud mich die Frauenarbeit im tiefsten Süden Deutschlands zu einem Vortrag ein – über Frauen in der Kirche. Vorgestellt wurde ich dem geneigten Publikum als »Frau mit einer Außenperspektive«. Wohlgemerkt: Ich habe einen deutschen Pass, spreche fließend Deutsch und habe mein bisheriges Berufsleben in deutscher Theologie und Kirche verbracht. Einige Zuhörerinnen schauten entsprechend fragend, bis sich herausstellte, dass die Veranstalterin mein Aufwachsen in der DDR als eine Art Migrationshintergrund einstufte.

Das Publikum war in Teilen empört, ich war erst überrascht und dann nachhaltig amüsiert. Die Veranstalterin hatte natürlich recht: Wenn es um feministische Generationenkonflikte, um Rabenmütter und gut gepflegten weiblichen Selbstzweifel geht, bin ich in der Tat eine Ausländerin – mit dem Unterschied, dass das frühere Ausland DDR heute genauso Inland ist wie der tiefste Süden der Bundesrepublik. So viel zu meinem Ausgangspunkt, von dem aus ich mich meinem Thema nähere: Frauen machen Kirche.

Machen sie das wirklich? Es gibt Fakten, die dagegen zu sprechen scheinen:

Die große Zielvorgabe der EKD-Synode von 1989 – 40 Prozent Frauen in allen Gremien und Führungspositionen: gescheitert. Derzeit freuen wir uns zwar wieder über drei Bischöfinnen, aber was ist das unter 22? Die erste Frau in der höchsten Position der evangelischen Kirche, die große Leuchtturmfrau Margot Käßmann – 2010 gescheitert. Der

Anteil der Frauen an den Führungsämtern in der evangelischen Kirche geht eher zurück, und für Frauenfragen will niemand mehr zuständig sein, höchstens noch für Gleichstellung oder Gender. Machen Frauen Kirche?

Da sind natürlich noch die Pfarrerinnen. Im zweiten Jahrtausend nach dem berühmten biblischen Satz: »Hier ist weder Mann noch Frau ...« besetzen in den evangelischen Kirchen in Deutschland Frauen ein Drittel der Pfarrstellen. Das ist natürlich ein Erfolg. Aber noch kein Grund zur Euphorie. Auch wenn manche – erinnert sich noch jemand an die Thesen des Münchner Theologieprofessors Friedrich Wilhelm Graf vom vergangenen Frühjahr? – wegen der vielen Pfarrerinnen eine »Feminisierung der Kirche« fürchten und besorgt einen Trend zur »Kuscheltheologie« auszumachen meinen. Graf hatte sich bei einer Tagung von *FAZ* und *Herrhausen-Gesellschaft* dazu hinreißen lassen, alle Theologiestudentinnen als »Muttitypen« zu diffamieren. Es sei ihm, so im Nachhinein die rhetorischen Entgleisungen rechtfertigend, nur darum gegangen, einmal die Frage zu stellen, wie sich denn die Kirche verändern würde, wenn Frauen mehrheitlich das Sagen hätten. Ja, wie würde sie sich wohl verändern?

Eine Schelmin, die nicht an die Unschuld dieser Frage glaubt. Von Zeit zu Zeit muss Kirche offenbar gegen den Verdacht von zu viel Weiblichkeit verteidigt werden. Das ist übrigens nichts wirklich Neues. Ein kurzer Blick in die Geschichte der evangelischen Kirche im 20. Jahrhundert genügt: Im November 1939 erschien im *Berlin-Steglitzer Sonntagsbrief* ein Artikel, der der antichristlichen Stimmung entgegentreten wollte. Gegen den Vorwurf, das Christentum sei eine »Religion der Unmännlichkeit und der Weichlichkeit«, führte das Blättchen triumphal die hohe Zahl von Theologiestudenten unter den Gefallenen des Ersten Weltkriegs ins Feld: »Es gibt keine andere Erklärung als die, dass diese jungen Menschen sich an Jesus Christus gebunden gewusst haben, dass dieser Jesus Christus dem Tode die Macht genommen hat und dass darum die, die an ihn glauben, dem Tod mit Freudigkeit ins Auge sehen.« (Archiv Berlin 1) Nein, so wollte der Autor sagen, das Christentum ist nicht unmännlich oder gar weiblich, und er benutzte ein einfaches Rezept: Er reduzierte die Theologiestudenten auf ihre Geschlechtlichkeit und deutete ihren Tod fürs Vaterland als Frucht ihres christlichen Glaubens. Das Christentum, so wollte er sagen, gehöre auf die Seite der Vaterlandstreue und der Männlichkeit.

Nun mag die Herstellung einer Verbindung zwischen dem Jahr 1939 und Friedrich Wilhelm Graf heute etwas krass erscheinen. Bei näherem Hinsehen ist sie es nicht. Das Argument der Marginalisierung des Christlichen durch seine Verweiblichung hat das militärische Gewand zwar abgelegt. Die Kirche muss heute nicht mehr gegen den Vorwurf verteidigt werden, sie sei nicht soldatisch genug. Heute muss sie offenbar gegen den Vorwurf verteidigt werden, sie sei intellektuell nicht satisfaktionsfähig. Ein und dasselbe Argument kommt nur im anderen Gewand daher. Bereiche, die von Frauen geführt werden, so der gemeinsame Grundtenor, verlören wahlweise ihr wissenschaftliches, politisches oder gesellschaftliches Ansehen. Friedrich Wilhelm Graf gegenüber der *Frankfurter Allgemeinen Sonntagszeitung*: »Wir erleben nun eine Art Infantilisierung der Kommunikation.« (27.3.2011)

Machen Frauen Kirche? Wo Spitzenpositionen zu vergeben sind, eher weniger, und mehr da, wo es um die klassische Kümmerarbeit geht. Rechtlich gibt es zwar keine Unterschiede zwischen Männern und Frauen, weder im Pfarramt noch in anderen Ämtern, aber in den Leitungsfunktionen sind Unterschiede nicht zu übersehen. Nur

Wenige schaffen es nach ganz oben. Die gut bezahlten Jobs in Kirche und Diakonie sind bis heute Männerdomänen. Frauen wuchten demente Alte in ihre Betten, begleiten Kinder auf den Spielplatz, arbeiten Schicht im Krankenhaus – und gehen mit der kleinen Lohntüte nach Hause, als Zuverdienerinnen. Vor allem dort machen Frauen Kirche.

Mir genügt das nicht. Mich macht das unruhig. Es macht mich unruhig, wie Margot Käßmann in den Medien als eine Verkörperung des »unverkrampften Feminismus« (Reinhard Bingener, *FAZ*, 28.10.2009) gefeiert wird, weil sie – wie Ursula von der Leyen in der Politik – Muttersein und Karriere lebt, als wäre es ganz selbstverständlich. Ihre Botschaft, glauben die Medien, lautet: Es geht doch! Mädels, nehmt euch einfach zusammen. Das F-Wort braucht kein Mensch.

Margot Käßmann selber stellt fest: »Frauen sind auch unabhängiger geworden im Blick auf die eigene Berufstätigkeit; damit ist eine Unabhängigkeit erreicht, wie sie keine Generation vor uns gekannt hat.« (Käßmann, 2009, 99)

Und das stimmt natürlich. Wir sind unabhängiger. Es ist schon viel erreicht. Trotzdem werde ich unruhig, wenn ich diesen Satz höre. Er soll ruhigstellen. Mich erinnert er fatal an das Thema Ökumene. Da ist auch schon viel erreicht, heißt es, aber zur Eucharistie kann ich als evangelische Pfarrerin doch nicht gehen.

Also doch zurück auf Start? Brauchen wir ihn doch, den Feminismus der steilen Thesen, damit sich etwas ändert? Ich habe auch hier meine Zweifel und blicke besorgt auf die Kirchenfrauen, die es sich in den feministischen Nischen gemütlich gemacht haben und von dort die Amtskirche mit wirkungsloser Kritik überziehen, sich aber dem langen »Marsch durch die Institution« verweigern. Nein, Revolutionsgetöse ist genauso unangebracht wie beschwichtigendes »Es ist schon viel erreicht«.

Was dann? Wie oft, hilft der Blick über den Tellerrand.

Lernen von den Kirchenfernen: »Unsere Gesellschaft braucht keine 95 brandneuen Thesen, die eine Lutherine mit wuchtigem Hammer ans Kirchenportal zu schlagen hätte. Es genügt, wenn sie ihren Hammer dazu benutzt, die kleinen und manchmal auch etwas größeren Hebel in den Köpfen der Männer und Frauen zu lösen, die bislang dafür sorgen, dass die Gleichberechtigung in unserer Gesellschaft eher eine abstrakt-formale denn eine alltäglich gelebte ist«, rät die Publizistin Thea Dorn in ihrem Buch »Die neue F-Klasse«. (Dorn, 2006, 35)

Dorn gehört zu der neuen Generation der Feministinnen, die seit einigen Jahren in unserem Land für erfrischende Debatten sorgen. Stichwort: Mädchenmannschaft. In der Kirche ist diese Spezies nicht oder selten anzutreffen. Und das ist sehr schade!

Wir brauchen diese selbstbewussten, klugen Frauen, die es selbstverständlich finden, dass sie Gesellschaft, dass sie Kirche gestalten. Dass sie natürlich ein Recht auf Familie und erfüllenden Beruf haben. Die sich hörbar einbringen und den Friedrich Wilhelm Grafs dieser Welt mit Spott und Brillanz begegnen. Auch das macht mich unruhig, dass ihre Stimmen in der Kirche so wenig zu hören sind.

Sicher, die Kirche ist kein Frauenladen und keine Mädchenmannschaft, aber wenn in der Feminismus-Debatte der Gesellschaft schon Meilensteine aus der Kirchengeschichte des Protestantismus herangezogen werden (Stichwort: Lutherine), dann könnten wir Kirchenfrauen umgekehrt überlegen, welche verrosteten Hebel in unserem Gefüge zu lösen sind, die niemand außer uns lösen kann. Frauen machen Kirche.

An dieser Stelle komme ich auf meinen Ausgangspunkt zurück. Denn wer ist wir? Wer sind wir Frauen in der Kirche? Wir sind keine homogene Gruppe, sondern sehr verschieden. Falsche Solidarität ist keine gute Basis. Was unterscheidet mich beispielsweise von Altersgenossinnen, die im Westen aufgewachsen sind? Ein kurzer Blick zurück auf meine Zeit im »Ausland DDR«: Mein Überlebenskampf galt nicht dem Patriarchat, sondern der Ideologie und ihrer Macht in einem Staat, der Bildung als Hebel für Wohlverhalten benutzte. Dass ich nicht studieren durfte, was ich wollte, hatte nichts damit zu tun, dass ich ein Mädchen war, sondern mit meinem Bekenntnis zur christlichen Gemeinde. Dass die Kirche so sehr mein Zuhause war, hatte nichts damit zu tun, dass ich mich dort mit anderen Frauen austauschen konnte, sondern damit, dass sie ein Ort der Freiheit war. Das Frauenthema war kein Thema. Oder doch? Die DDR galt ja als Paradies der formalen Gleichberechtigung. Männer und Frauen waren berufstätig, die Kinder wurden betreut. Wenn es sein musste, rund um die Uhr. Das entschärfte zwar nicht die Lage an der Hausarbeitsfront, brach aber mit dem Familienernährer-Modell. Frauen waren mutiger im Kinderkriegen und entspannter bei der Suche nach dem Traummann. Denn beides hatte nicht unbedingt etwas miteinander zu tun.

Anders in der evangelischen Kirche der DDR. Da die Modernität der sozialistischen Gesellschaft durch den Bruch mit der christlichen Ethik und ihrer Wertschätzung der Ehe erkauft war, hatte die »emanzipierte Frau« keinen selbstverständlichen Platz in der Gemeinde. Einer Emanzipation der Frauen auf der Basis einer sozialistischen Ethik konnte kein christliches Gewissen zustimmen. Also blieb es in der Kirche/Ost beim guten alten Patriarchat. Das Hausfrauendasein vieler Pfarrersfrauen wurde vielmehr zum subversiven Widerstand gegen die Gleichförmigkeit der Lebensentwürfe und die sozialistische Ganztagsbestrahlung der Kinder. Darüber hatte ich nie nachgedacht.

Das änderte sich spätestens Mitte der 1990er Jahre, als mich freundlich-jovial, aber ungebeten, ein von mir wegen seiner Gradlinigkeit zu DDR-Zeiten hoch geschätzter Kirchenführer umarmte. Er fragte nach dem Fortgang meiner Dissertation zur Jugendarbeit in der DDR. Ich wollte lossprudeln, hatte aber kaum zwei Sätze gesagt, da empfahl er mir väterlich, doch den Rat eines bestimmten Westprofessors einmal einzuholen, denn der sei ja sehr kenntnisreich auf diesem Gebiet. Ich selbst kannte besagten Spezialisten, der von vielem etwas wissen mochte, ganz bestimmt aber nichts über mein Thema, bedankte mich artig, ließ eine weitere joviale Umarmung über mich ergehen und war entschlossen, auch die Kirche in der DDR nicht mehr zu idealisieren.

Das muss ich erzählen, weil es wichtig ist für dieses Buch und seine Thesen. Es bedeutet, dass ich tatsächlich eine Außenperspektive habe – auf den kirchlichen Feminismus der Bundesrepublik vor 1989. Dazu kommen aber noch zwei Innenperspektiven – auf die Kirche in Ost und West nach 1989. Diese drei Perspektiven sollen helfen, die Hebel und Stellschrauben zu identifizieren, an denen weiter gedreht werden muss, wenn das Thema Frauen in der Kirche nicht dem Stillstand anheimfallen soll.

Und von dieser Perspektivenvielfalt wird dieses Buch hoffentlich profitieren.

Was noch? Meine Beobachtungen, Anregungen haben zwei Quellen: Geschichte und Neugier. Mit Geschichte wird Politik gemacht und deswegen ist es nicht egal, seit wann Frauen in der Kirche tätig sind und auf welche Weise sie mehr oder weniger feministisch waren. Deshalb gibt es zwei lange Kapitel über die Vergangenheit, darüber, wie die Frauen in kirchliche Ämter und Ehrenämter hineingekommen sind. Wer nicht weiß, woher sie kommt, weiß auch nicht, wohin sie geht.

Meine Neugier widmet sich der evangelischen Kirche heute. Was entdecke ich mit meinen drei Perspektiven? Was war das eigentlich mit Margot Käßmann? Was ist aus ihrer Geschichte zu lernen über Frauenkarrieren in der Kirche? Was hat die evangelische Kirche zu ihrem Aufstieg und ihrem Sturz beigetragen? Außerdem interessieren mich drei Fragen, zu jeder gibt es ein Kapitel: 1. Wie kommen und bleiben Frauen in kirchliche(n) Führungspositionen? 2. Wie steht es um die Vereinbarkeit von Familie und Beruf in der Kirche und 3. Wo steht die zuständige Wissenschaft, der theologische Feminismus? Diese drei Stellschrauben verdienen höchste Aufmerksamkeit für alle, die sich nicht davor fürchten, dass Frauen mehr Kirche machen. Und am Schluss gibt's ein paar Hinweise, wo die angstverrosteten Hebel sitzen, an denen wir drehen müssen.

1. Die Leuchtturmfrau – Was an Margot Käßmann über die evangelische Kirche zu lernen ist

Immer die Erste sein

28. Oktober 2009. Welch ein Jubel: eine Frau an der Spitze der evangelischen Kirche. Als Margot Käßmann zur Ratsvorsitzenden der EKD gewählt wurde, schien alles möglich. Die Superfrau mit vier Töchtern, Promotion und Bischofsamt hatte bewiesen, dass Frauen die gläserne Decke durchstoßen können. Selbst die neofeministische Internetplattform »Mädchenmannschaft«, sonst bei den Themen Religion und Kirche eher zurückhaltend, zollte anerkennend Respekt. Dass so etwas überhaupt möglich ist in der Kirche, wenn auch nur in der evangelischen, war ein Pluspunkt für die Institution.

Ich gestehe, dass es mir wichtig war, diesen Jahrhundertmoment selbst mitzuerleben, und ich gestehe auch, dass mir Gänsehaut wuchs, als das überwältigende Wahlergebnis bekannt gegeben wurde und einen gesichtslosen Konferenzsaal in ein historisches Gebäude verwandelte.

Die Zeit vor der Wahl war mit Spekulationen darüber randvoll, ob diese Frau denn wirklich gewählt werden würde. Den einen war die Personality-Show von Käßmann unheimlich, die sie zum Medienliebling gemacht hatte. Kein anderer evangelischer Bischof verfügte über diese Präsenz in Funk und Fernsehen. Hinter verschlossenen Türen beklagte sich so mancher, dass die Fernsehteams immer vor Käßmanns Tür stünden und nicht vor seiner – egal zu welchem Thema. Verständlich, auch in der Politik würde es sich die Arbeitsministerin verbitten, wenn die Familienministerin zu ihrem Ressort Stellung nehmen würde.

Doch die Journalisten ignorierten die innerkirchlich säuberlich verteilten Zuständigkeiten für die unterschiedlichen Weltprobleme.

Anderen wiederum missfiel, dass Käßmann geschieden war und ihr Scheitern in dieser Frage offensiv eingestanden hatte. Geschieden als Bischöfin, das war schon viel Zumutung, aber als Geschiedene zur Ratsvorsitzenden aufsteigen zu wollen, das war zu viel. Waren zwar in ihrer Heimat-Landeskirche alle kritischen Stimmen zum Schweigen gebracht, so wurde gewarnt, auf der Bundesebene der EKD würde das nicht gelingen. Doch die meisten, und zu denen gehörte offenbar auch die Mehrheit des obersten Kirchenparlaments, waren froh, eine protestantische Stimme zu haben, deren Bekanntheitsgrad über die Leserschaft der Kirchenpresse hinausging, eine Frau an der Spitze, die von denen verstanden wurde, die in den Gemeinden die Arbeit machten. Und nicht nur das – auch auf dem glatten Parkett der öffentlichen Meinung in Funk und Fernsehen machte sie *bella figura* und sammelte im außerkirchlichen Bereich Punkte für die Institution.

Interessanterweise äußerte vor der Wahl kaum jemand Zweifel daran, dass sie die Ämterverdreifachung von Bischöfin, Ratsvorsitzender und herkulischer Medienpräsenz beherrschen würde. Im Gegenteil: Ihre reformerischen Kräfte für die Zukunft der evangelischen Kirche wurden ungefähr so groß eingeschätzt wie die Martin Luthers im 16. Jahrhundert. Die Erwartungen waren hoch gespannt, was nun auch ganz grundsätzliche Kritiker auf den Plan rief. Deren Stunde sollte zwar erst nach der sogenannten Alkoholfahrt und dem dramatischen Rücktritt kommen, aber vorsorglich diagnostizierten sie schon einmal eine Feminisierung der evangelischen Kirche, meinten aber eine drohende geistliche und geistige Verflachung.

Konservative Medien machten die weibliche Doppelspitze der evangelischen Kirche mit Margot Käßmann als

Ratsvorsitzender und Katrin Göring-Eckardt als oberster Laiin dadurch salonfähig, dass sie behaupteten, es ginge überhaupt nicht um die Feminisierung der evangelischen Kirche, sondern darum, dass Margot Käßmann als Einzige den Zusammenhang von Religion und Mediengesellschaft verstanden hätte. Wenn die Medientauglichkeit das entscheidende Kriterium für geistliche Führungsämter wäre, dann müsste die Kirchengeschichte umgeschrieben und die Theologie ein Zweigfach des Journalismus werden. Die Einsicht in den Unsinn dieser Qualifikationsbeschreibung kam vier Monate später.

Nach ihrem Rücktritt kamen die Kritiker aus der Deckung. Der Regensburger evangelische Regionalbischof Weiß wusste unverblümter zu sagen, was er, etwas verschraubt, schon nach ihrer Wahl verlautbart hatte. »Ich habe Sorge, dass sie nach wie vor den Hang zu einem Stück Populismus hat.« Er hege, so war in der *Mittelbayerischen Zeitung* zu lesen, nun »die Befürchtung, dass Käßmann bei den Gläubigen übertriebene Hoffnungen wecke, die sie ohne offizielle Kirchenämter nicht einlösen könnte«. (17.5. 2010)

Der schärfste Vorwurf, der theologisch bewaffnet daherkam, war der, dass sie Amt und Person nicht trenne, was doch seit 500 Jahren ein Urmerkmal des Protestantismus sei. »Wo andere von der Kirche gesprochen hätten, hat Frau Käßmann ›ich‹ gesagt. Sie hat versucht, über ihre Menschlichkeit und die Brüche in ihrem Leben ihre persönliche Überzeugungskraft zu stärken, sie hat von der gezielten Instrumentalisierung der medialen Öffentlichkeit profitiert, sich in die Sphäre von Politikern und Schauspielern begeben, und sie ist darüber gefallen.« (Heike Schmoll, *FAZ*, 26.2.2010).

Das klingt nach »Professor Unrat«, dessen Stolpern über die eigenen Moralansprüche Heinrich Mann 1904 so glänzend skizziert hat. Wie die Barfußtänzerin Rosa den Professor Unrat zu Fall brachte, so sei »Frau Käßmann zum Verhängnis geworden, dass sie ihr Privatleben und ihre Person von Anfang an in die Medienöffentlichkeit gezogen hat und die vollständige Identifikation mit ihrem Amt selbst betrieben hat«. War dieselbe *Frankfurter Allgemeine Zeitung* vier Monate zuvor noch der Meinung, Käßmann hätte als einzige den Zusammenhang von Religion und Mediengesellschaft verstanden und sei deshalb zur Ratsvorsitzenden gewählt worden, wurde genau dies plötzlich als Verhängnis interpretiert und theologisch aufgeladen.

Zur Erinnerung: Ursprünglich ging es bei der Trennung von Amt und Person um zweierlei. Erstens darum, die Würde des Amtes zu wahren, egal ob der jeweilige Träger ein Träumer oder Säufer oder ehrpusselig ist. Zum anderen bietet das Amt seinem Träger Schutz. Das hat in dunklen deutschen Zeiten Menschen Mut gegeben, dem Unrecht zu widerstehen, es beim Namen zu nennen. Der Schmollsche Vorwurf in der *FAZ* war scheinheilig, weil er so tat, als spiele es keine Rolle, dass Käßmann als Frau in das Amt kam. Doch in Wahrheit gilt der Satz: »Eine Frau zu sein lenkt ab.« (Patrik Schwarz, *DIE ZEIT*, 5.11.2009)

Heute leben wir in Zeiten, in denen niemand ernst genommen wird, der oder die nicht das Amt leidenschaftlich als Person ausfüllt. Wer sich nicht als Person für sein Amt einsetzt, wird von den Medien als Amtsinhaber links liegen gelassen und gilt als Versager im Amt. Die Macher der Medien, die die Trennung von Amt und Person einebnen, wenn zum Beispiel die Fotografentraube einer Bischöfin respektlos zuruft: »Hey, Baby, hierher schauen!«, genau diese Macher sind am Ende diejenigen, die Käßmann eine »gezielte Instrumentalisierung« der Medien unterstellen. Geht es um eine Frau, verschärft sich die Problematik von Amt und Person, weil die weibliche Person weit spannender ist als ein Amt, das zum x-ten Mal den Träger wechselt.

Wann hat je interessiert, welche Strümpfe ein Vorgänger Margot Käßmanns bei seiner Bewerbung um das Amt des Ratsvorsitzenden getragen hat? Aus der Zeitung wissen wir, dass Margot Käßmann ihre Beine bei der Bewerbung mit schwarzen Strümpfen umhüllt hatte. (Philipp Gessler, *TAZ*, 27.10.2009) Wen interessiert das eigentlich?

In die Zukunft gedacht, stellt sich die Frage: Ist Margot Käßmann eigentlich ein Vorbild? Und wenn ja, für wen? Hat sie den kirchlichen Feminismus entstaubt oder hat sie ihn gar instrumentalisiert? Welche Vorbilder hatte sie selbst? Ohne Frage ist sie – immer noch – die Leitfigur, an der Frauen in Führungsverantwortung der Kirche gemessen werden. Sie selbst meint: »Ich hab's nicht so mit Leitfiguren.« (*DIE ZEIT*, 26.8.2010) Eigentlich war das eine Antwort auf die Frage, ob sie selbst sich als Leitfigur empfindet. Aber wer selbst eine Leitfigur hat, hätte sie an diesem Punkt erwähnt. Für Margot Käßmanns Art zu arbeiten und zu leben gibt es keine Leitfigur. Sie war immer die Erste. Nicht die Erste im Pfarramt, aber die erste Akademikerin in ihrer Familie. Die erste Generalsekretärin des Kirchentages, die erste Bischöfin der größten Landeskirche, und irgendwie war ihr berühmtes Debüt als schwangere U30-Frau im Weltrat der Kirchen auch so etwas wie eine Premiere. An wem sollte sie sich orientieren? Den Namen Dorothee Sölles, der Stilikone des kirchlichen Feminismus und ihre Vorgängerin als Publikumsmagnet auf Kirchentagen, nennt Margot Käßmann nicht. Sie wollte nicht die Öffentlichkeit erobern, sondern die Institution. Sie wollte als Pfarrerin arbeiten, nicht als öffentliche Intellektuelle. Nach ihrem Rücktritt hätte sie dazu die Chance gehabt. Eine glaubwürdige Person, die mit ihren Büchern, ihren Gedanken die Gesellschaft beeinflusst. Doch in diesem »öffentlichen Amt«, das in den Vereinigten Staaten mit Susan Sontag und Joan Didion prominente Verkörperungen hatte, wollte sie nicht auch noch die Erste sein. Das ist nicht ihre Welt. Der intellektuelle Radikalfeminismus einer Dorothee Sölle ist es offenbar auch nicht.

Bremsen oder laufen lassen – die Rolle der Institution in Käßmanns Karriere

Ihr Aufstieg in der evangelischen Kirche gelang trotz, nicht wegen der Institution Kirche. Margot Käßmann ist nicht gefördert worden in dem Sinne, dass ihr eine Kinderbetreuung und eine Promotion angeboten wurde. Im Gegenteil – sie hat sich selbst gefördert. Als sie in Bochum bei Konrad Raiser promovieren wollte, als sie die Dissertation neben der halben Pfarrstelle und dem Muttersein schrieb.

Die bittere Erfahrung, beruflich nicht gefördert, sondern Anfang der 1980er Jahre sogar zurückgestoßen zu werden, hat sie in der Öffentlichkeit des Zweiten Ökumenischen Kirchentags und zu anderen Gelegenheiten immer wieder erzählt. Das kann ihr als Selbstdarstellung angelastet werden, mit der sie ihre Zähigkeit beweisen wollte, es kann aber darin – und das ist entscheidender – das wahre Gesicht einer Institution zu erkennen sein, die nominell zwar die Gleichberechtigung eingeführt hatte, faktisch aber die Kränkung nicht ertragen konnte, dass eine junge Frau ihren Weg durchsetzt. Die Geschichte ging etwa so:

Bei ihrer Wahl in den Zentralausschuss des Ökumenischen Rats bekam sie zu hören: »Sie haben keinerlei Macht, etwas damit anzufangen. Sie haben nicht mal eine Sekretärin.« (*Hamburger Abendblatt*, 14.5.2010) Interessant sind die Insignien der Macht in dieser, von Margot Käßmann aus der Erinnerung zitierten Drohung eines hohen Kirchenfunktionärs.

Das Verfügen über die Arbeitskraft einer Frau, einer Sekretärin, galt und gilt als ein Kennzeichen von Macht. Es

22

war nicht die letzte Kränkung, die sie als Frau erfahren sollte, als werdende und seiende Mutter. Immer war und blieb ihr Mutterdasein ein Thema – für die anderen. Sie selbst hat es lange Zeit hintangestellt. Das war ihr Privatleben. Beruflich wollte sie mehr. Ein Fall, den sie als Bischöfin anführte, war auch ihr eigener: »Wenn es bei einer Einstellung heißt: Die können wir gar nicht fragen, die hat zwei kleine Kinder, dann sage ich: Natürlich fragen wir sie, weil sie das selbst entscheiden wird, ob sie das mit zwei kleinen Kindern kann oder nicht.« (www.fembio.org)

Dass es kein Rollenmodell gab für die Berufstätigkeit einer vierfachen Mutter, die nicht aus einem Politprofimilieu kam wie die siebenfache Mutter Ursula von der Leyen, hat auch mit der zweiten Frauenbewegung zu tun. Die Spuren sind noch im Buch »Die Feigheit der Frauen« der ehemaligen Chefredakteurin der *TAZ*, Bascha Mika, zu verfolgen. Für die Feministinnen dieser Generation sind Kinder im Grunde Plagegeister, die frau an der Veränderung der Welt hindern. Die im europäischen Vergleich rückständige Unmöglichkeit, Familie und Beruf zu vereinbaren, die bis heute in Deutschland anhält, ist nicht nur einer konservativen Familienvergötterung zu verdanken, sondern auch einer Frauenbewegung, die das Muttersein mit einem Mutterdasein verwechselte und in Bausch und Bogen ablehnte. Solcherart im Stich gelassen, war klar, dass es für Frauen wie Käßmann keine Vorbilder geben konnte – keine weiblichen jedenfalls. Sie ist von Kopf bis Fuß und von Anfang bis Ende eine Selfmade-Frau. Vorbild für die heute 30-Jährigen? Die kritisieren jedenfalls genau diesen blinden Fleck der Frauenbewegung.

Käßmanns Erfahrungen empfehlen die Kirche nicht gerade als Mekka der Gleichberechtigung. Ihre Wahl zur Generalsekretärin des Deutschen Evangelischen Kirchentages, einer bis dahin schon fast ehrwürdig gewordenen Institution, setzte nur fort, was sie schon kannte: Drei Stunden lang wurde darüber diskutiert, ob sie das schaffen würde – mit vier Kindern. Danach wurde sie gewählt. Einstimmig.

Eine Frau, die sich wie Margot Käßmann als Erste durchgekämpft hat, entwickelt Strategien. Strategien der Selbstbehauptung in einer Männerwelt. Ihre Strategie war die Öffentlichkeit. Sie entdeckte ihr besonderes Charisma: vor Kamera und Mikrofon in entwaffnend natürlicher Weise zu reden und zu agieren. Machen wir uns nichts vor: Dieses Charisma hat sie an die Spitze der evangelischen Kirche getragen, nicht die Frauenförderpläne und nicht die Beschlüsse einer EKD-Synode, die 1989 das Ziel einer 40-prozentigen Frauenquote in den Entscheidergremien der Kirche ausrief.

Die zahlreichen medialen Reflexionen spiegeln wider, dass Kirche in der Gesellschaft als eine »von Männern beherrschte Berufswelt«, als »Männerbastion« wahrgenommen wird. Umso spannender ist die Frage, wie frau in einer Institution ans Ziel kommt, in der Männer von der Qualität weiblicher Führung überzeugt werden müssen? Käßmann selbst meint: »Nicht mit Ellenbogen, sondern mit weiblichem Charme.« (*Fränkischer Tag*, 13.11.2009)

Es blieb aber niemandem verborgen, dass das nicht das Einzige war. Fleiß, Disziplin und Belastbarkeit waren und sind Markenzeichen ihrer Arbeit. Sie weiß, wie das mit der Leistung geht, dem großen Glaubenssatz des Erfolgs in der bundesdeutschen Gesellschaft. Keine Frage, Käßmann war fleißiger als die meisten Männer, disziplinierter und um ein Vielfaches belastbarer.

Der Klassiker, dass eine Frau besser sein muss als ein Mann, um eine Bewerbung zum Erfolg zu machen, bewährte sich auch bei ihr. Sie war besser, und zusätzlich verfügte sie über dieses Charisma, Menschen live und vor der Kamera unmittelbar zu Herzen zu sprechen. Ihr Sendungsbewusstsein und eine gewisse Extrovertiertheit, die davon überzeugt ist, dass die eigenen Gedanken andere Menschen interessieren könnten, sind keine spezifisch weiblichen Eigenschaften, sie galten bisher eher als männliche. Das ist die eine Seite der Medaille.

Die andere Seite: Sie war nicht nur besser als die männliche Konkurrenz, sie war auch machtbewusster als die meisten Frauen. Zu einer Zeit, in der viele Kirchenfrauen behaupteten, dass sie ganz anders als die Männer seien, und sich in ihren eigenen Zirkeln in Schlabberklamotten wohlfühlten, suchte Margot Käßmann im schicken Kostüm die Old-Boys-Netzwerke zu knacken. Ohne Zweifel kamen ihr Charme, gutes Aussehen und Jugendlichkeit zu Hilfe.

Dass sie auch ohne Amt populär bleibt, offenbart, dass ihre Karriere weniger auf der mehr oder minder erfolgreichen Ausübung ihrer Ämter beruhte, sondern darauf, dass sie als Person Glaubwürdigkeit und Authentizität ausstrahlen kann. Ihre eigene Überzeugung, dass sie ohne Ämter keine Autorität in der Öffentlichkeit hätte, hat wohl mehr mit ihrem berufsbiografischen Selbstbild zu tun als mit ihrer öffentlichen Wirkung. Auf einer Skala zwischen Kirchenmanagerin und Prophetin würde sie sich vermutlich weit weg von der Prophetin verorten.

Das Geheimnis ihres Erfolgs

Das Geheimnis von Margot Käßmann ist nicht durch einen Blick auf die Anzahl der Frauen im Pfarramt zu lüften. Hinter das Geheimnis ihres Erfolgs kommt, wer auf die Scharen unsichtbarer, helfender Frauen blickt, die die Kirche am Leben halten, egal welcher Konfession, egal ob im vergangenen, vorvergangenen oder in diesem Jahrhundert. An Käßmanns Erfolg ist weniger zu lernen, wie Frauen, die Theologie studiert haben, in Führungspositionen der Kirche kommen, als vielmehr, wie die religiöse Bedürfnislage von Frauen innerhalb und außerhalb der Kirche tatsächlich ist.

Sie selbst sagt: »In den Postbergen ... erlebe ich, dass manche Frauen in meinem Alter oft das Gefühl haben: mit der könnte ich auch befreundet sein.« (*DIE ZEIT*, 26.8.2010). Mit Margot Käßmann ist das unsichtbare Wunderwerk der Kirche zutage getreten, das seit 2000 Jahren funktioniert. Sie hat es aufgeklappt und alle können den Mechanismus sehen: Die Kirche ist weiblich!

»... Es sind die Frauen, die die evangelische Kirche seit Jahrzehnten tragen. Die Kuchen backen für Gemeindefeste, die sich in der Telefonseelsorge ehrenamtlich die Nächte um die Ohren schlagen. Die selten zu Wort kommen unter den vielen redenden und meinenden Männern. Die sonntags in schlecht beheizten Dorfkirchen dünne Kissen auf die Bänke legen. Sie stehen kostenlos in Kirchencafés, um kostenlose Suppen an arme Schlucker auszuteilen. Es gibt viele solche Frauen.« (Renate Meinhof, *SZ*, 9.1. 2010) Und genau für diese Frauen war die Wahl Margot Käßmanns zur evangelischen Spitzenfrau »wie eine Belohnung, eine Stellvertreterbelohnung. Sie würden sie nie fallen lassen. Da können die Zeitungen schreiben, was sie wollen.«

Ganz nebenbei hat Käßmann offenbart, wie stark die weiblichen Anteile eines Berufs sind, der bis heute als Männerberuf gilt und in vielen Kirchen bis heute auch nur als solcher ausgeübt werden kann. Ihr Auftreten als öffentliche Seelsorgerin, als Kümmererin, ist für bestimmte Teile der deutschen Öffentlichkeit eine Wiederentdeckung dieser altmodischen Funktion. Und es ist der mütterlichste und weiblichste Teil des Pfarrberufs. Das bringt Erfolg bei den Tausenden, die sonst vermutlich eher zu Ratgeberliteratur à la Carnegies »Sorge dich nicht, lebe!« greifen. Das zieht Kommentare männlicher Kritiker nach sich, die befinden,

Käßmann verbreite »Küchenweisheiten« (Rudolf Maresch, 27.5.2010) und verstünde es, der Kirche »auch im Horoskop-Milieu Gehör zu verschaffen«. (Reinhard Bingener, *FAZ*, 29.10.2009) Stellvertretend für ihre Anhängerinnen wird Käßmann hier diffamiert – auch das eine seelsorgerliche Funktion.

Denn schließlich sind es dieselben Männer in den konservativen Leitmedien dieser Republik, die Frauen genau dort haben möchten: in der Küche und hinter den Horoskopen, um im Wohnzimmer und in der Politik nicht gestört zu werden. Käßmann hat mit ihren Anhängerinnen Frauen sichtbar gemacht, die in der Politik pauschal »die Menschen in unserem Land« genannt werden.

Nach dem Rücktritt Käßmanns wussten plötzlich alle Bescheid. Das mediale Charisma, das Käßmann den Weg nach oben geebnet hatte, das sie zum gefragten Kompetenzzentrum in allen religiösen und moralischen Fragen hatte werden lassen, galt nun als Amtsmissbrauch. Vorher ist das niemandem aufgefallen? Warum? Und wie soll eigentlich die Amtsführung einer Frau aussehen, die alles anders macht als Margot Käßmann, trotzdem Ratsvorsitzende wird und von den Medien gehört wird? Klar ist, dass jede Frau, die in Zukunft in ein Bischofsamt kommt, an dieser Frau gemessen werden wird. Ganz klar: Margot Käßmann ist der evangelische Beitrag zu Thea Dorns Suche nach »Germany's next Role Model«. (Dorn, 2006, 38)

2. Die Kirche ist weiblich –
seit mehr als 100 Jahren

Zahlen, Daten, Fakten –
Frauen machen Kirche

Wie kam es überhaupt zur beruflichen Tätigkeit von Frauen in den protestantischen Kirchen?

Zwischen den Anfängen des Diakonissenwesens im frühen 19. und dem Auftauchen der ersten Pfarrerinnen in der Mitte des 20. Jahrhunderts liegen etwa 100 Jahre. Dieses Jahrhundert ist eine Achsenzeit für die berufliche, aber auch für die ehrenamtliche Arbeit von Frauen in der evangelischen Kirche. Das Wissen darum, wie Frauen in die kirchlichen Berufe gekommen, wie ihnen manchmal die widrigen Zeitumstände zu Hilfe gekommen sind, wie sie 100 Jahre lang diskriminierende Arbeitsbedingungen akzeptiert und trotzdem das Überleben der Kirche gesichert haben – all das muss frau wissen, um sich heute nicht über die Furcht zu wundern, die nicht nur Männer vor den Frauen in Führungsämtern der Kirche haben.

Für Eingeweihte ist es müßig, über den Prozentsatz der ehrenamtlichen Frauen in den Kirchen zu reden. Er beträgt seit mindestens 100 Jahren konstant mehr als zwei Drittel. Das war 1937 so, das ist im Jahr 2011 immer noch so. Der Historiker Manfred Gailus ist bei seinen Forschungen über die Berliner Kirche im Nationalsozialismus auf die gar nicht erstaunliche Tatsache gestoßen, dass die Bekennende Kirche eine »von Männern geleitete evangelische Frauenbewegung« (Gailus, 2001, 296) war. Mit detaillierten Zahlen weist er für die prominenten bekenntniskirchlichen Gemeinden Berlins nach, dass zum Beispiel die »Fürbittgottesdienste als geschlossene Frauenversammlungen angesehen werden müssen.« Im Dahlemer »Helferkreis«, der nach der Verhaftung von Martin Niemöller 1937 die Bekenntnisgemeinde koordinierte, waren von 17 Mitgliedern 11 Frauen, allerdings gelang erst nach großen Schwierigkeiten die Zulassung einer Frau – Barbara Thiele – in den Ausschuss der sechs, dem eigentlichen Leitungsgremium. (Gailus, 2001, 345–347)

Noch interessanter wird es, wenn gefragt wird, wer denn eigentlich die Kirche leitet? Nach evangelischem Verständnis sind Pfarrerinnen und Laien gleichberechtigt dafür verantwortlich, Gesetze zu erlassen und den Haushalt zu überwachen. Das spiegelt sich in den Synoden wider, in denen Pfarrer und Laiinnen gemeinsam entscheiden.

In der EKD-Synode, die seit Mitte der 1970er Jahre das Thema gleichberechtigte Führung immer wieder auf die Tagesordnung gesetzt hatte, beträgt der Frauenanteil 45 Prozent. Das liegt zwar noch unter der selbst gesteckten Zielvorgabe von 50 Prozent für das Jahr 2009, aber auch weit über dem Durchschnitt anderer Synoden. Besonders männerfreundlich ist die Synode in Sachsen, wo 39 Laienmänner und 18 Pfarrer 20 Laienfrauen und 2 Pfarrerinnen gegenübersitzen. Durchschnittlich kommen die Frauen in den Kirchenparlamenten auf 36 Prozent, Mitte der 1980er Jahre waren es nur 20 Prozent. Zum Vergleich: Der Anteil der Frauen im Deutschen Bundestag liegt momentan bei 33 Prozent.

Synoden tagen ein- bis zweimal im Jahr, Kirchenvorstände dagegen treffen sich monatlich. Und hier ist der Ort, an dem sich in den vergangenen 50 Jahren eine kleine Revolution abgespielt hat: 1955 waren 5 Prozent der Kirchenvorstände Frauen, 1973 waren es 20 Prozent und mittlerweile sind es im EKD-Durchschnitt 55 Prozent. Hinter den Prozenten stehen 68 000 Frauen – und nicht wenige von ihnen fühlten sich durch Margot Käßmann bestätigt und gewürdigt. Von wegen Küchenweisheiten! Kirchgemeinderat, das ist Abend- und Nachtarbeit ohne Aufschlag, das sind Personalprobleme, Umsetzung von Kürzungsvorgaben und die Friedhofsordnung. Und das sechs Jahre lang.

Es sind eher die Älteren, es sind eher die Hausfrauen, diejenigen, die auf der modernen Punkteskala erfolgreicher Lebenskonzepte nicht ganz oben rangieren. Aber genau diese Frauen machen die Mehrheit der Ehrenamtlichen und den Großteil der Kirchgänger aus. 2000 Jahre nach den Gemeindeleiterinnen Phoebe, Tryphäna, Tryphosa, Persis, Julia, der Schwester des Nereus, und Lydia, von denen die Bibel erzählt, nehmen Frauen die Leitung ihrer Ortsgemeinden – wenigstens in Deutschland – in die Hand.

Was immer an soziologischen Theorien über den veränderten Lebenswandel und erhöhte Mobilität ausprobiert wurde, es ist erstaunlich, dass die Zahl der Frauen, die Verantwortung vor Ort übernehmen, in den letzten 40 Jahren gestiegen ist. 1979 machte sich Liselotte Funke, Bundestagsvizepräsidentin und EKD-Synodale, zusammen mit anderen EKD-Frauen noch Gedanken darüber, dass der zunehmende Bildungsstand junger Frauen deren Distanz zur Kirche fördere. (Funke, 1979, 133) Die Befürchtung ist zwar eingetreten, aber die Frauen, die der Kirche verbunden geblieben sind, sind hochengagiert: Sie wollen ihre Ortsgemeinde mitgestalten.

Wie ist sie also, die Lage der Frauen in der evangelischen Kirche? Die einfachen, schlagenden Zahlen, mit denen frau die Wundmale ihrer Unterdrückung und Zurückdrängung in der Kirche zeigen kann, sind von gestern und vorgestern. Das ist gut so. Sie sind nicht mehr eindeutig – und das ist ein Erfolg der Emanzipationsbewegung von Frauen in der Kirche, ihrer kämpferischen Leidensbereitschaft. Vor Ort tritt die Geschlechterfrage langsam zurück, dafür treten

Lebenskonzepte und soziale Lagen stärker in den Vordergrund. Natürlich tragen die veränderten Lebensverhältnisse in Deutschland, die bessere Gesundheitsversorgung und die höhere Lebenserwartung ihren Teil dazu bei, dass es keinen Stillstand gibt. Die Älteren sind nicht so alt, wie sie es früher waren. Vielen Frauen über 60 ist nicht anzumerken, dass sie das Ruhestandsalter überschritten haben. In meiner Heimatgemeinde im Osten Berlins sind die Frauen, die zu meiner Schulzeit schon im Kirchgemeindevorstand aktiv waren, noch immer dabei. Doch auch jüngere, auch berufstätige Mütter, sind mit eingestiegen und kümmern sich. Das sind die Frauen, die Gemeindearbeit robust machen.

Und wie sieht es bei den beruflich Beschäftigten unter dem Dach der Kirche aus? Abgesehen von den wenigen bischöflichen Positionen gibt es im Raum der EKD noch weitere 222 000 Arbeitsplätze. Zu 75 Prozent werden diese von Frauen besetzt. Wenn die Zukunft der evangelischen Kirche vielleicht weiblich wird, die Gegenwart ist es auf jeden Fall! Welcher Zynismus liegt eigentlich darin, erst dann die Feminisierung der Kirche zu fürchten, wenn sie das Pfarramt erreicht? Das heißt doch, dass die zwei Drittel, die sich ehrenamtlich engagieren, gemeinsam mit den zwei Dritteln beruflich aktiver Frauen für zu ohnmächtig gehalten werden, die Kirche prägend zu gestalten. Eine Unverschämtheit, denn schon der Blick in die Geschichte der Bekennenden Kirche zeigt, dass Frauen auch früher nicht einfach nur ohnmächtig waren. In Zukunft werden sie es noch weniger sein.

Womöglich lauert die große Enttäuschung, wenn der Anteil der Pfarrerinnen auf 75 Prozent steigt, Frauen also proportional zu ihrer Anwesenheit in der Kirche auch die potenziellen Leitungsposten ausfüllen. Was, wenn sich gar nicht viel verändert, weil Kirche ohnehin seit Jahrhunderten von Frauen geprägt ist? Auch die Medizin ist unverändert leistungsfähig und gesundheitsfördernd, obwohl der Anteil der Ärztinnen 2009 bei etwa 40 Prozent lag. Vom Untergang des deutschen Gesundheitswesens aus diesem Grund ist noch nichts bekannt geworden. Die Selbstverständlichkeit, mit der Pfarrerinnen von Anfang an in ihrem Amt von der Mehrheit der Kirchenmitglieder akzeptiert worden sind, ist ein geheimes Signal dafür, dass die Verschraubung von Männlichkeit und Pfarramt, die dogmatisch lange Jahrhunderte hart verteidigt wurde, in der gemeindlichen Praxis ohnehin nur lose war.

Auf den ersten Blick ist zu sehen, dass sich die Frauenerwerbstätigkeit in der Kirche nicht im Bereich der Führungsetagen abspielt. Erziehung, Verwaltung und Pflege sind die Domänen der unteren Lohngruppen. Dort stört fast kein Mann. Ein Blick in das Gesundheitswesen oder in die Wissenschaft zeigt überall dasselbe Bild: Zwei Drittel der Mitarbeiterschaft ist weiblich – aber ihr Anteil an der Leitung ist mehr als unterproportional. Das Phänomen der dienenden Frau in Teilzeitposition beschränkt sich nicht nur auf die Kirchen. Aber hier hat es eine besondere Geschichte. Kirchenhistorische Expertise ist gar nicht nötig, um auf den Gedanken zu kommen, dass der evangelischste Beitrag zum Thema Frau und Beruf Diakonisse heißt. Sie war und ist der Inbegriff des selbstlosen Dienstes. Die Diakonisse besitzt, gemessen an den Kriterien zeitgemäßen Frauenlebens, negativen Kultstatus.

Fast als ein Gegenbild präsentiert sich heute der Beruf der Pfarrerin. Akademikerin in einem anspruchsvollen beruflichen Umfeld – das passt schon eher in den Radius der wertgeschätzten Tätigkeiten. In Deutschland arbeiteten im Jahr 2011 etwa 6000 Pfarrerinnen, was einem Anteil von 33 Prozent entspricht. In einigen Kirchen, zum Beispiel in der sächsischen, liegt er weit darunter: 672 Pfarrer stehen 146 Pfarrerinnen gegenüber.

Die Ordination von Frauen gehört heute zum Marken-kern evangelischen Selbstverständnisses, wenn es auch bereits eine katholische Kirche gibt, die aus guten theologischen Gründen auch Frauen im geistlichen Amt kennt – die altkatholische Kirche.

Das Interesse von Frauen am Pfarrberuf ist aus dem Diakonissen-Dasein nicht unmittelbar abzuleiten. Die akademische Voraussetzung für das Theologietreiben wurde erst 1908 geschaffen, als Frauen Zugang zum Universitätsstudium gewährt wurde – mitten in der turbulenten Zeit der ersten Frauenbewegung, die auch an der evangelischen Kirche nicht spurlos vorüberging. Aber das war nicht einmal die wichtigste Voraussetzung für das berufliche Interesse an der Kirche. Recht rasant hatte sich seit der Wende vom 19. zum 20. Jahrhundert ein Berufsfeld für Frauen in der Kirche entwickelt, das lange Zeit die Blaupause für die Anstellung studierter Theologinnen war und heute ausgestorben ist – die Gemeindehelferin. Der Beruf der Pfarrerin beginnt nicht mit der ersten ordinierten Frau, sondern mit Elisabeth Malo und Elisabeth Gnauck-Kühne, mit den Frauenrechtlerinnen des 19. Jahrhunderts, mit den Gemeindehelferinnen und mit den Pfarrfrauen in der Zeit des Zweiten Weltkriegs.

Es gibt zwei Zeitspannen, in denen sich fast alles entschieden hat, was das berufliche und ehrenamtliche Leben von Frauen in der evangelischen Kirche angeht. Die Übergänge zwischen Beruf und Ehrenamt sind bei Frauen fließender als bei Männern – und das ist bis heute so geblieben. Spannend ist zuerst die Zeit der heftigen Diskussionen um die sogenannte Frauenfrage in der evangelischen Welt um die Wende vom 19. auf das 20. Jahrhundert. Die zweite Zeitspanne sind die letzten Monate des untergehenden Dritten Reiches – der Ausnahmezustand, in dem Pfarrfrauen, Gemeindehelferinnen und studierte Theologinnen getauft, be-

erdigt, gepredigt und verwaltet haben, während Theologieprofessoren erbittert für die Kettung des Pfarramtes an ihr
Geschlecht kämpften.

Kinder, Küche, Kirche –
die evangelischen Frauen im 19. Jahrhundert

Die Bildung des Allgemeinen Deutschen Frauenverbands
1865 war auf keinen ernsthaften gesellschaftlichen Widerstand gestoßen. Die große, gern zur Ironie neigende Frauenrechtlerin Gertrud Bäumer schrieb 1901 im »Handbuch
der Frauenbewegung«, es seien ja auch »keine weltumstürz-
lerischen Programme aufgestellt und verfochten« worden.
Da aber die »Erwerbsnot kaum wegzuleugnen war und es
zunächst schien, als bezweckten die Gründungen nur, ihr zu
steuern, so ließ man den Dingen ihren Lauf, und fiel hier
und da ein Wort, das weitere Ziele in der Frauenbewegung
verriet, so glaubte man sich solche Excentricitäten mit einem kräftigen Achselzucken vom Leibe zu halten.« (Bäu-
mer/Lange, 1901, 66) Erwerbsnot der Frauen – das war das
große Thema des ausgehenden 19. Jahrhunderts. Scharen
junger Frauen, die in ihren Herkunftsdörfern keiner bezahlten Tätigkeit nachgehen konnten, strömten in die großen
Städte und suchten nach Arbeit.

Die Männer – und zunächst waren es fast nur Männer –
des sozialen Protestantismus ließ das nicht kalt. Sie gründeten große Vereine zur Unterstützung der Mädchen, sie
machten ihren politischen Einfluss geltend. Eine der schil-
lerndsten Figuren dabei war Adolf Stöcker, ein umtriebiger
konservativer Sozialreformer, der zeitweilig bei Hofe ein-
und ausging, später in Ungnade fiel, ein begabter Volksmis-
sionar und leider auch notorischer Antisemit.

Ähnlich, wie wir das heute nur noch aus dem Munde rö-
misch-katholischer Leitungsfiguren kennen, diagnostizier-

te Stöcker eine Welt voller »Abgründe des Unglaubens und der Unsitte«. Die sogenannte Frauenfrage sah er als Teil der allgemeinen sozialen Frage unter demselben Verhängnis. In der Diagnose war er sich sogar mit August Bebel, dem Führer der Sozialdemokratie, einig: Die Aufmüpfigkeit der Frauen würde aufhören, sobald die soziale Not beseitigt sei. (Stöcker, 1906)

Zu Beginn der 1890er Jahre tobte die Debatte um die Frauenfrage in vielen Facetten.

Im Lager des sozialen Protestantismus schien die Antwort auf die prekäre wirtschaftliche Lage alleinstehender bürgerlicher Frauen noch immer die Wohltätigkeitsvereine und das Diakonissenwesen zu sein. Noch immer, weil die soziale Betätigung im wohlfahrtspflegerischen Bereich seit dem frühen 19. Jahrhundert die kleine Seitentür war, durch die Frauen in Räume öffentlicher Verantwortung und Kommunikation eintreten konnten. Wollten sie zum Haupteingang hinein, in dem sie liberalistische Forderungen womöglich politischer Art stellten, konnten sie sicher sein, dass sich die maßgeblichen gesellschaftlichen und kirchlichen Eliten von der anderen Seite gegen die Tür stemmen würden.

Allerdings war religiöse oder politische Emanzipation die Sache der meisten protestantischen Frauen nicht, weswegen sie bis in die späten Jahre des Kaiserreichs besagte Seitentür karitativer Arbeit gern benutzten. Und wenn sie dies an der Hand von Pfarrern taten, die sich bereitwillig für die Leitung der Vereine zur Verfügung stellten, fand dies allgemeine gesellschaftliche Akzeptanz, ja mehr noch: pflichtbewussten Christinnen geriet es zur Ehre, sich in der »Armen-, Kranken- und Gefangenenbetreuung« zu betätigen. (Perrot, 1997, 507)

Konservative Kreise, so Stöcker in »Innere Mission und Frauenfrage«, ignorierten die Berufsnot der Frauen noch in den 1890er Jahren mit dem billigen Hinweis auf die Möglichkeit, in ein Diakonissenmutterhaus einzutreten (Stöcker,

1906). Aber gerade dies schien kein gangbarer Weg zu sein. Der Hinweis beschrieb eher das Problem als die Lösung. Denn längst hatte sich in den Kreisen der »Inneren Mission«, heute sprechen wir von Diakonie, eine weitere »Frage« breitgemacht – die Diakonissenfrage. Die Mutterhäuser verzeichneten im letzten Drittel des 19. Jahrhunderts nicht nur massive Nachwuchsprobleme bei steigendem Bedarf, sondern ebenso einen Mangel an Bewerberinnen aus den privilegierten Schichten. Diakonisse war zu einem »Sicherungsberuf für Töchter tendenziell abstiegsgefährdeter kleiner Angestellter und Beamter oder ein Aufstiegsberuf für Töchter kleiner Handwerker und Bauern« geworden. (Schmidt, 1995, 312) Besonders attraktiv wirkte vor dem Hintergrund des demografischen »Frauenüberschusses« die Altersversorgung. Es ist davon auszugehen, dass die Frauen aus den unteren sozialen Schichten, die ohnehin wenig Wahlmöglichkeiten zum Überleben hatten, das streng paternalistische Modell der Diakonie stillschweigend als Bedingung akzeptierten. Sie versprachen sich von ihrem Weg in das Mutterhaus eine lebenslange soziale Absicherung und versuchten teilweise, auch ihren Familien etwas zukommen zu lassen.

Sicher war die Entscheidung für den Diakonissenberuf nicht ohne religiöse Motivation durchzustehen. Vieles deutet allerdings darauf hin, dass sich das religiöse Leben dem anstrengenden Alltag der Arbeit unterzuordnen hatte.

Die Diakonissenkrise

In den 1890er Jahren machte die Theologin Elisabeth Malo, Schwester eines Pfarrers und Autodidaktin, gegen die Abschiebung der Frauen in den Diakonissenberuf publizistisch Front: »Man sollte doch einmal gebildeten jungen Männern die Zumutung eines solchen Lebensberufes unter denselben Bedingungen machen! Gilt nicht auch ihnen das

Vorbild dessen, ›der sich den Schurz umgebunden hat, um zu dienen‹?« (Markert-Wizisla, 1997, 177) 1894 wurden die Anfragen an das Berufsverständnis der Diakonisse und der Nachwuchsmangel so drängend, dass die Generalkonferenz der Mutterhäuser Kaiserswerther Prägung sich mit der Frauenfrage beschäftigen musste. Die Herren schmetterten die Anfrage ab: Das Diakonissenamt sei »nicht dazu erneuert worden, an der Lösung der Frauenfrage mitzuarbeiten, um dem weiblichen Geschlecht ein neues Erwerbsfeld zu eröffnen, sondern um dem Elende zu dienen und die Gemeinde Christi zu erbauen«. (Schmidt, 1995, 319)

Die Generalkonferenz erklärte sich also für unzuständig, indem sie den offensichtlichen Zusammenhang von Diakonissenkrise und Frauenfrage ignorierte. Das soziale Problem, das sich in den Mutterhäusern selbst anstaute, wurde arrogant abgewiesen. Der Spitzensatz: »Im Diakonissenhause will und soll man nicht verdienen, sondern dienen« richtete sich zwar gegen die Kritiker und vor allem Kritikerinnen, die sich öffentlich geäußert hatten, er traf aber besonders diejenigen Frauen, die versuchten, von dem wenigen, was sie bekamen, ihre Familien zu unterstützen.

Das Schielen auf die klösterliche konfessionelle Konkurrenz, die sowohl zahlenmäßig als auch im Blick auf das soziale Niveau vergleichsweise glänzend dastand, verhinderte in den Kreisen der Mutterhausdiakonie die Erkenntnis, dass Diakonissenfrage und Frauenfrage in einem ursächlichen Zusammenhang standen. Ende des Jahrhunderts wurde die Chance verpasst, aus dem Dienst der Diakonisse einen sozialen Beruf zu machen, der Einkommen und Anerkennung sicherstellte.

Kein Jahrhundert alt, war die Mutterhausdiakonie selbst in den Kreisen der gemäßigten Frauenbewegung zum Inbegriff eines veralteten Lebensmodells geworden. Für die Lösung der Frauenfrage schien ihre pure Existenz kontraproduktiv.

Das Ansehen des Diakonissenberufs war also gerade in jenen gesellschaftlichen Kreisen, deren Töchter die Mutterhausdiakonie so schmerzlich in ihren Mauern vermisste, zum Ende des Jahrhunderts auf einen Tiefpunkt gesunken. Während die führenden Männer jede Kritik an den Arbeitsbedingungen, an der individuellen Freiheitseinschränkung und an den theologischen Grundlagen des Diakonissenamts weit von sich wiesen, machten sich andere daran, Wege aus der Diakonissenkrise zu finden.

Der Krieg um die Frauenfrage

Auf der einen Seite versuchte die Kaiserin Auguste Victoria persönlich, die Nachwuchskrise im besten Einvernehmen mit den Mutterhäusern zu bearbeiten. Sie gründete 1899 den »Evangelisch-Kirchlichen Hülfsverein«, die Anfänge der evangelischen Frauenhilfe. Dieser nahm durchaus die Kritik am Diakonissendasein auf und bemühte sich, die Diakonie in den Gemeinden zu stärken. Die Frauenhilfe bündelte und organisierte jene unpolitische Ehrenamtlichkeit von Frauen, die sie noch heute leistet. In Friedenszeiten kümmerte sich die Frauenhilfe um die jungen Mütter. Die religiöse Erziehung kleiner Kinder lag und liegt bei den Müttern. Was liegt da näher als religiöse Bildung für Frauen in pädagogischer Absicht? Aus der Verknüpfung von Monarchie, Mutterhausdiakonie und Gemeindeidee erwuchs eine Organisation, die die Ignoranz gegenüber der Frauenfrage zum Programm machte und aus der Anstaltsdiakonie in die Gemeinde trug. In den ersten Jahren des 20. Jahrhunderts brach die Frauenhilfe den zaghaften Ansätzen einer evangelischen Frauenbewegung das politische Genick.

Auf die Zahlen geschaut, war die kaiserliche Initiative eine der erfolgreichsten kirchlichen Vereinsgründungen und sie lebt bis heute. Die Dankbarkeit gegenüber der Kaiserin kannte kaum Grenzen. Als Auguste Victoria 1921 im holländischen Exil verstarb, folgten 200 000 Menschen dem überführten Sarg, der im Berliner Dom seine letzte Ruhe fand.

Zeitgleich zum »Evangelisch-Kirchlichen Hülfsverein« gründete sich ein weiterer evangelischer Frauenverband, dessen *spiritus rector* Adolf Stöcker war. Vorangegangen war ein spektakulärer Auftritt von Elisabeth Gnauck-Kühne, einer Schulgründerin, Frauenrechtlerin und Freundin Elisabeth Malos, auf dem Evangelisch-sozialen Kongress, dem Parlament des sozialen Protestantismus. 1895 war das neutestamentliche Schweigegebot für Frauen gebrochen. Vier Jahre später waren aus dem führenden Gremium der Diakonie, dem »Centralausschuss für Innere Mission«, sehr moderne Thesen zu vernehmen: Auf religiösem Gebiet stelle das Evangelium Männer und Frauen gleich. Das *mulier taceat in ecclesia*, die Frau schweige in der Gemeinde, beziehe sich »ausschließlich auf die Verkündigung des Wortes, das öffentliche Gebet und die Austeilung der Sakramente im Gottesdienst der Gemeinde«. Hingegen sage es nichts »über die Grenzen aus, innerhalb derer die Frau sich am öffentlichen Leben beteiligen darf«. (Kaiser, 1985, 44f.) Und bis heute uneingelöst hieß es, dass »der Wettbewerb des Weibes mit dem Manne im Ringen nach einem Lebensberuf nach keiner Seite hin ausgeschlossen« sei. Ohne dass Stöcker die These von der Feminisierung der Kirche groß ausgebaut hätte, wusste er aus praktischer Erfahrung, dass die Volkskirche ohne die Mitarbeit der Frauen zum Scheitern verurteilt wäre. »Ich als Leiter der Stadtmission wüsste gar nicht, was ich machen sollte, wenn nicht die Frauen mit ihrer Hilfe uns so sehr zur Seite ständen.« (Stöcker, 1906) Die Fronten waren damit klar, wenn auch innerhalb der bürgerlich-konservativen Grenzen.

Der 1899 gegründete »Deutsche Evangelische Frauenbund«, eine Gegengründung gegen die »Frauenhilfe«, sammelte Frauen der gehobenen Schichten. Seine Zielvorstellun-
gen gingen weit über die Bekämpfung der Erwerbsmisere
hinaus. Sie umfassten jene zivilrechtlichen, wirtschaftlichen,
bildungspolitischen und öffentlichen Aspekte, deren Be-
handlung sich die Kaiserin samt ihrem Gefolge in Kirche
und Diakonie verweigert hatte.

Doch wie war das Verhältnis zur nichtkonfessionellen
Frauenbewegung? Zunächst gab es Anerkennung für die
kirchliche Neugründung, denn mit der gemäßigten bürgerlichen Frauenbewegung teilten die Konservativen die
Überzeugung von der prinzipiellen Wesensdifferenz der
Geschlechter. Die gemeinsame Leitvorstellung vom Wesen
der Frau konnte in einem Wort zusammengefasst werden:
Mütterlichkeit. Das war nicht nur im biologischen Sinn gemeint, sondern auch im geistigen. An geistiger Mütterlichkeit hatte die ganze Gesellschaft Bedarf. Auf diesem theo-
retischen Boden erzielte die Frauenbewegung zu Beginn
des neuen Jahrhunderts praktische Fortschritte in Ausbildung und Erwerbstätigkeit.

Es verwundert nicht, dass die Gründung des christlich-
sozialen »Frauenseminars« 1905 in Hannover als eine der
ersten Aktivitäten des Deutschen Evangelischen Frauenbundes allgemeine Akzeptanz und vor allem vielfältige Nachah-
mung fand. Der Wettlauf um den kirchlichen Einfluss auf die
sozialen Berufe hatte begonnen. (Gerhardt, 1948, 192)

Der Bedarf an Mitarbeiterinnen in evangelischen Organisationen, Verbänden und Vereinen war immens. Die
Qualifizierung von Frauen für pädagogische und pflegeri-
sche Aktivitäten führte zum millionenfachen Einzug junger unverheirateter Frauen in das Feld sozialer Arbeit.

So groß der Quantensprung für den Eintritt junger bürgerlicher Frauen in die öffentliche Sphäre war, so unmerk-

lich wurde jene Decke eingezogen, die heute zwar gläsern, aber immer noch da ist. Mit der Ausbildung in den sozialen Frauenschulen hatten Frauen per se keine Chance auf eine Führungsposition.

Obwohl der neue »Deutsche Evangelische Frauenbund« zunächst nicht über den bisherigen Rahmen der Mobilisierung von Frauen zu karitativer Tätigkeit hinausging, wurde er von den Kaisertreuen im Umfeld des »Hülfsverein« als eminent politische Vereinigung wahrgenommen. Ein Gruß-telegramm des Frauenbundes an die Kaiserin blieb unbeant-wortet – eine Kampfansage!

Die hochkonservativen Kreise des kaiserlichen »Evange-lisch-Kirchlichen Hülfsvereins« betrachteten den Frauen-bund von vornherein als Abweichler, der bei der Bekämp-fung der Sozialdemokratie nicht fest auf der Seite der reaktionären Monarchie stand. Wie die höfischen Kreise die Veränderung der realen Gesellschaftsordnung fürchte-ten, so fürchteten sie auch die Veränderung der symboli-schen Ordnung, in der Frauen ihren festen, eingegrenzten Raum zugewiesen bekamen. Unterordnungsverhältnisse kennzeichneten das hier herrschende Weltbild: Unterord-nung der Arbeiter unter die Besitzenden, der Frauen unter die Männer, der Natur unter die Kultur. Von der Angst um den Verlust der eigenen Identität lebte der Kampf, der sich nun gegen die christlich-soziale Idee genauso wie gegen den mild konservativen Teil der Frauenbewegung richtete.

Zum offenen Ausbruch der Kontroverse kam es 1908, als es plötzlich um das politische Wahlrecht für Frauen ging. Was war passiert? Die Frauenrechtlerin Hedwig Dohm – heute auf jeder einfachen 10-Cent-Briefmarke zu sehen – hatte schon 1873 für die Reichs- und Landtagswahlen das Stimmrecht gefordert. Bis 1908 blieb die Idee aber theore-tisch, weil das preußische Vereinsgesetz Frauen die Mit-gliedschaft in politischen Vereinen, also auch Parteien, un-tersagte. Die Aufhebung dieses Gesetzes in diesem Jahr wirkte für alle Frauenverbände wie ein Katalysator. Der Deutsche Evangelische Frauenbund war und blieb zwar dagegen, trat aber gleichzeitig für das kirchliche und das kommunale Frauenwahlrecht ein.

Der Sieg der Kaiserin

1912 – Adolf Stöcker war gerade drei Jahre tot – gründeten die Männer, jawohl, der »Frauenhülfe« den »Bund gegen die Frauenemanzipation«. Sie zielten, blind vor Angst, auf die Zerstörung des Deutschen Evangelischen Frauenbundes ab. Denn nun ging es nicht mehr um die Erwerbsnot der Frauen, nun ging es um die nackte Furcht vor dem Umsturz der bürgerlichen Ordnung. Nicht einmal das kirchliche Stimmrecht für Frauen schien akzeptabel. Vorstellbar war wohl ein Frauenausschuss des Gemeindekirchenrats, der sich um Dinge wie die »Armen- und Krankenpflege, die konfirmierte weibliche Jugend oder die Schönheit und Sauberkeit der kirchlichen Gebäude« kümmern würde. Aber »diese kirchenpolitische Forderung etwa in die einzelnen Vereine hineinzutragen und unseren Frauen mit solchen Gedanken, deren Tragweite sie gar nicht zu überschauen vermögen, die Köpfe zu verdrehen, das muss die Frauenhülfe im Interesse ihrer stillen Liebesarbeit ablehnen«. (Gerhardt, 1948, 313) Das Denken sollten die Frauen den Hauptvorständen, also den männlichen Führungsgremien der Frauenhilfe überlassen.

Aus dieser Perspektive gesehen, stand der Deutsche Evangelische Frauenbund dem radikalen Flügel der Frauenbewegung gefährlich nahe. Jede Abweichung innerhalb des konservativen Milieus wurde als Verrat gedeutet. Hier gab es nur schwarz und weiß. Das mangelnde Differenzierungsvermögen zeigte sich insbesondere auf dem kurzen Weg vom kirchlichen zum politischen Wahlrecht. Obwohl der Frauenbund seit seiner Gründung für das kommunale und gegen das politische Wahlrecht eingetreten war, und die gesamte Frauenbewegung in dieser Frage gelähmt hatte, wurde er von rechts der Paktiererei mit dem Liberalismus und der Sozialdemokratie verdächtigt.

Die Tiefe der Ängste vor dem politischen Stimmrecht lässt sich daran ermessen, dass in dieser Frage ohne Umschweife mit dem unterschiedlichen Wesen der Geschlechter argumentiert wurde: »»Wahlweiber – Qualweiber!‹ ist zwar weder höflich noch geschmackvoll, es bringt aber das richtige Empfinden nicht nur aller nicht völlig entmännlichten Männer, sondern aller noch weiblich empfindenden Frauen zum Ausdruck – das Empfinden, dass die politische Frau aufhört, Frau zu sein.« (Hein, 1912, 311–320) Etwas Ärgeres als die Auslöschung des Wesenscharakters konnte nicht ausgesprochen werden. Die Auslöschung des Wesens aber bedeutete die Auslöschung der Identität. Ergänzten sich die Geschlechter, wie es denknotwendig zur Theorie der Andersartigkeit der Geschlechter gehörte, so bedrohte die Politisierung der Frauen im gleichen Maße die Identität des Männlichen. Die Konsequenz dieser Denklogik konnte nur der entschiedene Kampf gegen den Identitätsverlust der Geschlechter, also gegen die Frauenemanzipation sein.

Es kam zu heftigen gegenseitigen Verbalattacken auf den großen Konferenzen der damaligen Diakonie. Die Vorsitzende des Frauenbundes schlug sich redlich, aber kurz vor dem Ziel, 1918, gab sie sich geschlagen. Der Frauenbund trat aus dem Bund deutscher Frauenvereine aus. Die reaktionären Kräfte hatten gesiegt. Die zaghaften Ansätze der Solidarisierung mit der Frauenbewegung erstickten. Das kirchliche und das politische Frauenwahlrecht kamen mit der Weimarer Republik. Innere Akzeptanz fanden sie nicht.

Der Funken kirchlicher Frauenbefreiung wurde früh ausgetreten – kaum auszumalen, wie Kirche sich im Nationalsozialismus verhalten hätte, wenn es anders gekommen wäre!

Aber, das ist ermutigend und wichtig zu wissen: Die Blütezeit des Diakonissenwesens währte nur kurz. Keine Frau, die es nicht unbedingt nötig hatte, ließ sich in diese Lebenslage zwingen. Und die Frauen, die sich darauf einließen, weil sie sich nicht anders zu helfen wussten, haben das System Mutterhaus unterlaufen! Das ist nicht die große Revolution, aber ein Widerstand, der am Ende auch zu Veränderungen in den Mutterhäusern geführt hat. Der Berufszweig Diakonisse wurde schnell ein wasserarmes Rinnsal neben dem breiter werdenden Strom weiblicher Berufstätigkeit.

Von unten: die Gemeindehelferin

Mitten im Streit um die Frauenrechte wuchsen die »Sozialen Frauenschulen« wie Pilze aus dem Boden. Klar, dass ein Arbeitermädchen da nicht lernen konnte. Keine von ihnen hätte die Ausbildung bezahlen können. Aber für die vielen, aus kleinbürgerlichen Verhältnissen kommenden Mädchen, die eigentlich den unbezahlten Ehehafen anzusteuern hatten, gab es plötzlich fantastische Chancen, sich selbst zu beweisen. Von allen Frauenschulen, die für die Kirche ausbildeten, sollte die des Burckhardthauses die wichtigste werden. Mitten in der Weimarer Zeit gegründet, bildete die »Bibelschule« des »Evangelischen Reichsverbandes weiblicher Jugend« in Berlin, also des Burckhardthauses, junge Frauen aus, die üblicherweise einige Jahre für den Verband arbeiteten. Wenn sie heirateten, mutierten sie zu Ehrenamtlichen. Besonders nützlich waren ihre Qualifikationen, wenn aus ihnen Pfarrfrauen wurden. Erst in den 1970er Jahren wurde die Ausbildung – übrigens in Ost- und Westdeutschland fast zur selben Zeit – eingestellt. Bis heute gibt es zahllose aktive Gemeindechristen, die von irgendeiner hochengagierten, allein lebenden Gemeindehelferin geprägt wurden.

Noch in der Weimarer Republik hatte der Ausbildungsberuf Gemeindehelferin rasch Erfolg. Die Verbände, allen voran das Burckhardthaus, boten eine gediegene und gut organisierte Ausbildung, Praktika inbegriffen. Hinter den Frauen standen starke Verbände, deren Führung im Konfliktfall mit einem Pfarrer die Interessenvertretung übernahm. Ein tiefer liegender Grund für den Erfolg dieses Berufsbildes in der Kirche lag darin, dass die Gemeindehelferinnen die traditionelle kirchliche Ordnung der Geschlechter nicht infrage stellten, sondern sie, im Gegenteil, noch stützten, als sich der Charakter von kirchlicher Arbeit rasant wandelte. Die Gemeindehelferinnen übernahmen die wachsenden Aufgabenfelder von Katechese, Seelsorge und Gruppenarbeit und entlasteten damit das Pfarramt, das wie vordem als Verkündigung und Sakramentsverwaltung ausgeübt werden konnte. Gemeindehelferinnen waren theologisch und dienstlich unzweifelhaft untergeordnet und verfügten über Fähigkeiten, die den Pfarrern als Entlastung hochwillkommen waren.

Gemeindehelferinnen sind das Bindeglied zwischen der Jahrhundertwendezeit und der späten Phase des Zweiten Weltkriegs, in der sie gemeinsam mit den Vikarinnen und den Pfarrfrauen das kirchliche Leben aufrechterhielten. Von diesen drei Gruppen und dieser furchtbaren Zeit soll im folgenden Kapitel die Rede sein.

3. Blick zurück im Zorn –
Die Kirchenfrauen und der Zweite
Weltkrieg

Es gibt eine Bibliothek voller Literatur über die evangelische Kirche in der Zeit des Nationalsozialismus. Es reicht von Biografien tapferer Pfarrer der Bekennenden Kirche, die ihren Widerspruch zum Terror-Regime mit dem Leben bezahlt haben – der bekannteste unter ihnen ist Dietrich Bonhoeffer –, bis zu Darstellungen der dramatischen kirchenpolitischen Ereignisse. Eine Geschichte der evangelischen Kirche im Nationalsozialismus, die die Erfahrungen von Männern und Frauen gleichermaßen einbezieht, gibt es nicht.

Die evangelische Kirche war 1933 ein festgefügtes Gebäude mit einem dichten Geflecht von evangelischen Verbänden ringsherum. Im Jahr 1945 war sie ein Trümmerhaufen. Nicht nur die Gebäude, auch die Strukturen und Netzwerke waren zerborsten. Die Bekennende Kirche hatte überlebt, die deutsch-christliche, an das NS-Regime angepasste Kirche existierte nur noch auf dem Papier, es schlug die Stunde der Scherbensammler und Vermittler. Inmitten dieser allgegenwärtigen Zerstörung jedoch hatten Frauen die Erfahrung gemacht, dass sie in einer Funktion gebraucht worden sind, die ihnen seit Jahrhunderten verschlossen war – dem Pfarramt.

Als der Zweite Weltkrieg ausbrach, waren Frauen in ganz unterschiedlichen Berufen in der Kirche und den evangelischen Verbänden tätig: die für das Überleben der Bekennenden Kirche so wichtigen Sekretärinnen, Reisesekretärinnen und Pfarramtshelferinnen, die Gemeindehelferinnen und – die Vikarinnen. Seit 1927 existierte in der Kirche der altpreußischen Union ein Gesetz, das es erlaubte, akademisch ausgebildete Vikarinnen anzustellen. Die Befürchtung, es würden Scharen von Frauen in das neue Berufsfeld strömen, hatte sich nicht bewahrheitet. Diskriminierung beim Gehalt, beim Arbeitsumfang und allerlei bürokratische Schikanen dämpften das Interesse. Trotz gleicher Ausbildung folgte keine Ordination, nur eine Einsegnung, wie sie heute für jede Gemeindemitarbeiterin üblich ist. Die so Eingesegneten durften nur mit Frauen und Kindern arbeiten und auch nur an diese, wenn überhaupt, Abendmahl austeilen.

Gemeindehelferinnen – mehr als Hilfskräfte

Die Zahl der Anwärterinnen, so wurde zeitgenössisch resümiert, war so klein, weil die gesetzlich ausgewiesenen Aufgabenbereiche kaum über die einer Gemeindehelferin hinausgingen, aber mit den Untiefen ungesicherter Ausbildungs- und Anstellungsverhältnisse belastet waren. Gemeindehelferinnen brachten schließlich nicht die Geschlechterordnung durcheinander. Sie hatten den Vorteil, dass die Verbände ihre Arbeitsplätze sicherten. Denn die Idee, Gemeindehelferinnen auszubilden, war nicht aufgekommen, um die Pfarrer zu entlasten oder zu ersetzen, sondern um die Arbeit der evangelischen Vereine vor Ort zu professionalisieren. Die Vikarinnen beteiligten sich daran – eine ganze Reihe Theologinnen fand ebenfalls im Burckhardthaus ein Auskommen – in der Ausbildung der Gemeindehelferinnen.

So zum Beispiel Ingeborg Becker, eine Offizierstochter aus Thüringen, die ihre theologischen Prüfungen vor dem Bruderrat der Bekennenden Kirche in Magdeburg abgelegt hatte und in der DDR eine der kirchenpolitisch einflussreichsten Personen werden sollte. (Ueberschär, 2009) In gefährlicher und schwieriger Zeit übernahm sie 1943 die Leitung des kirchlichen Frauenseminars im Burckhardthaus, als dieses wegen des Bombenkriegs aus Berlin ausweichen musste. Unter einfachsten Bedingungen, in einer ursprünglich für Berliner Obdachlose gebauten Baracke, fand es Unterschlupf in Lobetal, 15 Kilometer nordöstlich von Berlin, in den Hoffnungstaler Anstalten Lobetal.

Ingeborg Becker trug die volle Verantwortung für die 36 Schülerinnen. Zwei Kriegswinter wurde gefroren, gelernt, gefeiert und Anteil an dem Leben in den Hoffnungstaler Anstalten genommen. Die Bibelschule in Lobetal war so etwas wie das »Finkenwalde« für Gemeindehelferinnen – in Anlehnung an die illegale Theologenausbildung der Bekennenden Kirche unter der Leitung Dietrich Bonhoeffers. Morgenandachten, gestaltet mit den strengen Responsorien und Chorälen der Alpirsbacher Arbeit, die für den Protestantismus die Gregorianik wiederentdeckt hatte, strukturierten den Alltag und dämpften die Ängste. Ingeborg Becker machte, wie viele andere, die Erfahrung, dass sie mehr Verantwortung übernehmen konnte, als ihr bis dahin zugetraut worden war.

Pfarrfrauen – Kriegerfrauen und Kirchenfrauen

Viele der Pfarrfrauen im Deutschen Reich hatten eine Ausbildung als Gemeindehelferin absolviert und ihren späteren Ehepartner auf einem der sogenannten Bräutekurse kennengelernt, die bis weit in die 1960er Jahre angeboten wurden. Zahlenmäßig waren sie den anderen Gruppen überlegen: Im Bereich der gesamten Deutschen Evangelischen Kirche (DEK) gab es 1943 etwa 800 Gemeindehelferinnen und 200 Vikarinnen, wohingegen 7217 Pfarrer (Archiv Berlin 2 und 3) in den Krieg eingezogen waren. Es lässt sich heute nicht mehr rekonstruieren, wie viele Amtsinhaber ihre Ehefrauen und Familien im Pfarrhaus zurückließen. Aber an den Versuchen der Kirchenbehörden, die Pfarrfrauen in die Arbeit einzuspannen, lässt sich ablesen, dass sie für das Aufrechterhalten der kirchlichen Arbeit allein durch ihre Zahl interessant waren. Im Verlauf des Kriegsgeschehens wurden die Kirchenbehörden des unentbehrlichen Potenzials gewahr.

1939 befanden sich Pfarrfrauen als kirchliche Kräfte noch außerhalb des Blickfelds. Knapp drei Wochen nach Kriegsbeginn veröffentlichte der Geistliche Vertrauensrat, das Führungsgremium der DEK, einen Aufruf, der sich der angespannten kirchlichen Lage widmete. Um die zahlreichen Einberufungen von Gemeindepfarrern abzufedern, avisierte er den Einsatz »geeigneter Hilfskräfte«. An erster Stelle wurde die »große Zahl von Vikarinnen« angeführt, zu der »viele Hunderte an den verschiedenen Stellen ausgebildete Bibelschülerinnen und Gemeindehelferinnen, schließlich aber auch die weithin durch die Arbeit der Verbände in kurzfristigen Kursen ausgebildeten Laienhelferinnen« traten. Die Kirchenführung war zum Handeln in der Frauenfrage gezwungen, weil mit Kriegsbeginn der Reichsarbeitsdienst für die 17- bis 25-jährigen Frauen neu geregelt war. Im Hintergrund des Aufrufs an die Provinzial- und Landeskirchen stand die Befürchtung eines zusätzlichen Arbeitskräfteverlustes durch die staatliche Dienstverpflichtung. Problematisch für die Kirche war allerdings die Tatsache, dass sie auf den überwiegenden Teil der Vikarinnen und Gemeindehelferinnen keinen Zugriff hatte. Diese waren bei den kirchlichen Verbänden angestellt, die in Personalfragen ihre Autonomie bewahrten. »Es käme nun darauf an«, so der Geistliche Vertrauensrat der DEK im September 1939, »ob und wieweit die kirchlichen Verbände bereit und in der Lage sind, angesichts der Veränderung diejenigen Kräfte, die bisher in übergemeindlicher Arbeit standen, für die kirchliche Arbeit zur Verfügung zu stellen.« (Archiv Berlin 4)

Zuvor hatten sich die Leitungsgremien der Kirche intensiv um männliches Personal gekümmert. Lücken im Gemeindedienst sollten gar nicht erst entstehen und deshalb gab es Bemühungen, die vorhandenen Geistlichen »unabkömmlich« (uk.) stellen zu lassen. Beispiel Brandenburg: Im Mai 1940 erhielten die Superintendenten der Mark Brandenburg eine vertrauliche Aufforderung des Konsistorialpräsidenten zur Erstellung einer detaillierten Liste der vorhandenen Pfarrstellen, kriegsbedingten Vakanzen und Ersatzmöglichkeiten durch weibliche Kräfte. Diese Listen gedachte er dem zuständigen Generalkommando der Wehrmacht zu übergeben (Archiv Berlin 5), um möglichst zahlreiche uk.-Stellungen zu erwirken. Darüber hinaus erließ auch die preußische Kirchenverwaltung im Juni 1940 eine Verordnung, die es erlaubte, Pfarrer für längstens sechs Monate pro Jahr in eine durch die Kriegsverhältnisse unversorgte Gemeinde zu versetzen. Im Zuge dieser Verordnung ist beispielsweise noch 1944 eine Reihe von Pfarrern aus dem Berliner Südwesten in Kleinstädte und Dörfer des östlichen Brandenburgs versetzt worden. Des Weiteren reaktivierte die Verordnung Ruheständler unter 70 Jahren (Archiv Berlin 6). Keineswegs lag in dieser Konzentration auf männlichen Ersatz ein deutsch-christliches Spezifikum. Mit wirklichkeitsfremden Beschlüssen sperrte die Bekennende Kirche in Preußen auf der Hamburger Synode 1942 die theologisch gleichwertig ausgebildeten Vikarinnen von der Abhaltung der Gemeindegottesdienste aus und zog statt ihrer die Ältesten vor. (Vgl. Bauer, 1993, 20f. und Herbrecht, 1997, 339–341)

Vor diesem Hintergrund wird verständlich, dass der Aufruf der DEK zur Aktivierung der weiblichen Kräfte zunächst eher die Frage aufwarf, ob weibliche Kräfte denn überhaupt für den kirchlichen Dienst, und vor allem für die neuralgischen Punkte von Liturgie und Predigt, von Sakramentsverwaltung ganz zu schweigen, in Betracht kamen.

Noch einmal Beispiel Brandenburg: Nach einer Aufforderung des Konsistoriums, die Pfarrfrauen zu aktivieren, zog es der Superintendent von Brandenburg/Havel im August 1942 vor, von einer mit dem Männerwerk veranstalteten Vortragsreihe »männliche Hilfskräfte für eine etwaige Mithilfe in kirchlicher Arbeit« abzuschöpfen. (Archiv Berlin 7) Zur gleichen Zeit allerdings berichtete der Superintendent aus Wittenberge davon, die Pfarrfrauen seines Kirchenkreises zu den Pfarrkonventen einzuladen. (Archiv Berlin 8) Wie kam es zu diesen Unterschieden?

Ein Superintendent aus der Neumark, einem Teil Brandenburgs, der heute zu Polen gehört, teilte im November 1940 mit, er habe feststellen müssen, dass die Pfarrfrauen eingezogener Pfarrer gar kein Verständnis für ihre »ernste Verpflichtung der Gemeinde gegenüber haben«. Sie hätten »auch den geringsten Dienst verabsäumt«. Er würde es verstehen, dass junge Pfarrfrauen nicht willens seien, junge Pfarrvertreter ins Haus zu nehmen, aber in seinem Fall handele es sich um ältere Vertreter, die »aus Bequemlichkeitsgründen« abgelehnt worden seien. In einem Fall wäre sein Ansinnen, einen Vertreter zu schicken, mit dem Argument beschieden worden, die betreffende Person wolle »diese Freizeit [in der der Ehemann an der Front ist, E.Ue.] benutzen, um auf Reisen zu gehen«. Dass dieser Satz vom zuständigen Konsistorialreferenten unterstrichen wurde, weist zusätzlich darauf hin, dass der sozialmoralische Radius, in dem sich die Pfarrfrauen üblicherweise zu bewegen hatten, mit dem beschriebenen Verhalten weit überschritten war. Denn selbstverständlich erwartete die Behörde, dass die Pfarrfrau den Verweser beköstigte, beherbergte, für ihn den Haushalt führte. Folgerichtig ging es nicht an, dass eine Pfarrfrau mit ihrer Familie den Ort auch nur zeitweise verließ. Der über »die Haltung einiger Pfarrfrauen sehr deprimiert(e)« Superintendent verlangte von der Kirchenbehörde »einmal ein sehr ernsthaftes Wort in

dieser Hinsicht an die Pfarrfrauen«. (Alle Zitate: Archiv
Berlin 9)

Diesem Pauschalurteil traute das Konsistorium nicht,
sondern startete umgehend eine Umfrage, deren Ergebnis
völlig im Gegensatz zu dem Eindruck des neumärkischen
Superintendenten stand. (Archiv Berlin 10) Danach ergab
sich ein »sehr erfreuliches Bild von der selbstlosen und op-
ferbereiten Teilnahme der Pfarrfrauen am Gemeindeleben
in der Unterweisung der Jugend, Hausbesuchen, Bibel-
stunden, Organistenvertretung und Kirchenbuchverwal-
tung«. (Archiv Berlin 11) Was das Konsistorium als Pflicht
der Pfarrfrau betrachtete, »die sie in Abwesenheit ihres
Mannes der Gemeinde gegenüber hat«, hielt tatsächlich die
Funktionsfähigkeit der Kirche vor Ort aufrecht, insbesondere in den zahlreichen Dörfern der Provinz.

Das geforderte Mahnwort an die Pfarrfrauen erschien
nun gerade kontraproduktiv, denn es stand zu befürchten,
»dass diejenigen tadelnde oder mahnende Worte am wenigsten auf sich beziehen würden, die dessen am meisten
bedürften«. (Archiv Berlin 12) So beließ es die Behörde bei
den vertraulichen Mitteilungen an die Superintendenten,
denen die problematischen »Einzelfälle« weiterhin obla-
gen.

Ein Jahr später jedoch, mit zunehmender Ausdünnung
der Personaldecke ergab eine erneute Umfrage ein etwas
anderes Bild. Auf drei noch amtierende Pfarrer kamen zwei
Pfarrfrauen. Die Abhängigkeit der Kirchenbehörde von
der Mitarbeit der Pfarrfrauen erhöhte sich also beträcht-
lich. Sollte das kirchliche Leben auf dem Land nicht vollständig zusammenbrechen, bedurfte es der Integration der
Pfarrfrauen in die behördliche Betreuungsstruktur. Dies
schien umso nötiger, je mehr die Kirchenverwaltung von
einem Trend zum Verlassen der dörflichen Pfarrhäuser
alarmiert war: In manchen Landstrichen der Provinz blieb
fast die Hälfte der Pfarrhäuser verschlossen, weil die Fami-

lien verzogen waren. Damit hatten die kirchlichen Behörden keine Basis mehr vor Ort. An wen sollte die Post gehen? Wer zählte die Kollekte, wer führte die Kirchenbücher? Diesmal blieb die Umfrage nicht folgenlos.

Drei Jahre nach Kriegsbeginn richtete die Behörde zum ersten Mal ein Wort an die Frauen, deren »Männer im Dienst der Reichsverteidigung« standen. Nach umfangreichen Lobesworten folgte die Aufforderung, die Pfarrhäuser nicht zu verlassen, verbunden mit einer offenen Drohung: Denen, die ihren Wohnsitz verändert hatten, legte die Behörde nahe, zu überprüfen, ob »das weitere Fernsein von der Gemeinde im Hinblick auf die spätere Arbeit des Mannes verantwortet werden kann«.

Die familiäre Autorität des abwesenden Alleinernährers anzuführen, um behördliche Interessen durchzusetzen, war allerdings ein Wechsel auf die ungewisse Zukunft. In der Gegenwart besaß die Kirchenbehörde keinerlei Machtmittel, die Pfarrfrauen zum Bleiben zu zwingen. Als Kriegerfrauen von in der Regel auch militärisch höherrangigen Wehrmachtsangehörigen genossen sie einen nahezu unantastbaren, gesellschaftlich und finanziell abgesicherten Status, auf den auch die Kirchenbehörde Rücksicht zu nehmen hatte. Schon 1941 fiel das »Mahnwort« an die Pfarrfrauen aus Angst vor Schaden im »außerkirchlichen Raum« fort. (Archiv Berlin 13) 1942 blieb nichts anderes als eine hilflose Drohung. Es half nicht viel, dass die Behörde Frauen über die Abhängigkeit von ihren Männern definierte.

Praktische Bedeutung kam allein dem Ratschlag zu, die Pfarrfrauen zu »Arbeitsbesprechungen« zusammenzuziehen. Das geschah denn auch weithin. In einigen Kirchenkreisen entwickelten sich regelrechte Fortbildungskurse. Liturgische Praxis wurde eingeübt und »wichtige Fragen kirchlicher Ordnung« anhand von konkreten Fällen behandelt. (Archiv Berlin 14) In anderen Kirchenkreisen luden die Superintendenten Pfarrfrauen zu den Pfarrkonventen ein, den bis heute obligatorischen monatlichen Zusammenkünften der Amtsträger, auf denen alle theologischen und aktuell-kirchenpolitischen Fragen auf den Tisch kamen. (Vgl. Archiv Berlin 15)

Wie die Arbeit einer Pfarrfrau konkret aussah, wissen wir nur aus Berichten bekenntniskirchlicher Pfarrfrauen. Bei ihnen trat hinzu, dass sie schon vor Kriegsbeginn – während der Haftzeiten ihrer Ehemänner – Aufgaben der Gemeindeleitung übernommen hatten. In stärkerem Maße trugen sie die beruflich ungesicherte Existenz ihrer Ehepartner mit. Der des Öfteren in der Literatur erwähnte Umstand, dass die bekenntniskirchlichen Vikare und Hilfsprediger sich unmittelbar nach Kriegsbeginn freiwillig zur Front meldeten (vgl. Greschat, 2002, 514f.), mag auch damit zusammenhängen, dass sie durch ihren Wehrdienst die Familien über die Kriegerfrauenversorgung absicherten.

Es ist davon auszugehen, dass die Verbindlichkeit innerhalb der bekennenden Gemeinden wesentlich höher war als in deutsch-christlichen oder neutralen, dass die Isolation der bekenntniskirchlichen Pfarrfamilie in manchen Orten unerträglich war (vgl. Furian, 2000, 148f.), dass die Gefährdung durch Hausdurchsuchung und Gestapo-Überwachung das Leben einer bekenntniskirchlichen von einer neutralen oder deutsch-christlichen Pfarrfamilie unterschied. Dennoch arbeiteten Pfarrfrauen, so viel lässt sich den behördlichen Berichten entnehmen, unabhängig von der kirchenpolitischen Orientierung ihrer Ehemänner verantwortlich und engagiert in den Gemeinden.

Selbst in der Frage des Gottesdienstes zeigte sich mit fortschreitendem Kriegsverlauf, dass Pfarrfrauen auch hier Verantwortung übernahmen. Während 1941 der Gottesdienst noch keine Erwähnung in der Umfrage zum Verhalten der Pfarrfrauen fand, trat 1942 in der Aufzählung dessen, was Pfarrfrauen unentgeltlich für die Gemeinden leisteten, die Sorge für den Gottesdienst hinzu. Das ist deswegen bemerkenswert, weil der Streit um den Gottesdienst innerhalb der Bekennenden Kirche zum wichtigsten Punkt der Debatte um die Frauenordination geriet.

Zunächst aber zurück zu den Pfarrfrauen. Während deren Integration in die Aufgaben des Pfarramts langsam zum unverzichtbaren Standbein des gemeindlichen Lebens wurde, drohte – ohne dass die Kirchenbehörde es ahnte – das Damoklesschwert der staatlicherseits verordneten Arbeits- und Meldepflicht für alle Frauen. Sie hätte das günstige Personalreservoir schnell wieder ausgetrocknet.

Nicht zuletzt auf die persönliche Ablehnung Hitlers war es zurückzuführen, dass das Arbeits- und das Innenministerium bis zum Jahresende 1942 in dieser Richtung nicht zum Zuge kamen. Im Januar 1943 allerdings, angesichts der schweren Niederlage der Wehrmacht vor Stalingrad, schreckten die Behörden nicht mehr zurück. Eine Verordnung des Generalbevollmächtigten für den Arbeitseinsatz vom 27. Januar 1943 bestimmte, dass alle deutschen Frauen im Alter von 17 bis 45 Jahren und Männer im Alter von 16 bis 65 Jahren daraufhin überprüft werden sollten, ob sie »einsatzfähig« seien. (Kundrus, 1995, 347)

In der gesamten DEK entstand nun eine dramatische Lage, die befürchten ließ, dass »die notdürftigste Versorgung der Kirchengemeinden weithin zum Erliegen« käme, wenn »die Pfarrfrauen ihre Tätigkeit in der Gemeinde ihres einberufenen Mannes nicht fortsetzen könnten«. (Archiv Berlin 16)

Als Erster reagierte der Oberkirchenrat der Landeskirche Württembergs mit einer Eingabe an das Arbeitsamt Südwestdeutschland. (Berlin Archiv 17) Wenige Tage später schloss sich die deutsch-christlich geführte Kirchenkanzlei der DEK an. Nun wurde auch auf Reichsebene verhandelt. Anfang Februar 1943 versuchte das Leitungsgremium der DEK Einfluss auf die noch ausstehenden Richtlinien für den generellen Arbeitseinsatz zu gewinnen: Um Pfarrfrauen und Gemeindehelferinnen für die kirchliche Arbeit zu erhalten, sollten die Kirchengemeinden zu den Arbeitsgebieten geschlagen werden, denen die »Generalmobilmachung« der Frauen keine Arbeitskräfte entziehen dürfe. Der Zwang, die unentgeltliche, kaum quantifizierbare Tätigkeit von Pfarrfrauen darzustellen bewirkte die Professionalisierung ihrer Arbeit: Aus der Pflicht, den Ehemann in seiner Abwesenheit zu unterstützen, wurde eine »Beschäftigung im kirchlichen Dienst« (Berlin Archiv 17), die der von Gemeindehelferinnen äquivalent war.

Die Bemühungen des Geistlichen Vertrauensrates im September 1943 zeitigten für die Freistellung der Gemeindehelferinnen Erfolge: Sofern sie mehr als 48 Stunden beschäftigt waren, wurden sie von der Dienstverpflichtung befreit. Für die Pfarrfrauen allerdings ließ die vom NS-Staat ausgegebene Richtlinie keine Sonderregelung zu. Sie seien »grundsätzlich ebenso zu behandeln wie andere Frauen; die Tatsache allein, dass es sich um die Ehefrauen eines evangelischen Geistlichen handelt, kann für die Freistellung auch dann nicht genügen, wenn der Geistliche zum Wehrdienst einberufen ist«. (Archiv Berlin 18) Eine Gleichbehandlung mit den Gemeindehelferinnen wollte der Staat nur für vergleichbare Anstellungsbedingungen gelten lassen. Wenn Pfarrfrauen nachweislich eine Beschäftigung von 48 Wochenstunden ausübten, so würde Freistellung von anderweitigen Dienstverpflichtungen gewährt werden. Wenn die Kirchenleitung die Arbeitskraft der Pfarrfrauen in den Gemeinden halten wollte, ging das nach dieser Gesetzeslage nur über eine Teilbeschäftigung in Kombination mit der Fürsorge für die Familie oder Schwerkriegsbeschädigte.

Im Grunde trat nun die Regel außer Kraft, dass Pfarrfrauen ihre Berufstätigkeit mit dem Zeitpunkt der Heirat aufgaben. Plötzlich stellte sich die Frage nach dem Beschäftigungsverhältnis der Pfarrfrauen. Die überwiegende Mehrzahl hatte vor der Heirat eine kaufmännische oder hauswirtschaftliche Berufsausbildung durchlaufen, eine Reihe von ihnen verfügte über einen Gemeindehelferinnenabschluss. Der arbeitsrechtlichen Anforderung nachzukommen und ein geregeltes Dienstverhältnis für Pfarrfrauen einzuführen widersprach allerdings den vitalen Interessen der Kirchenbehörden. Sie hatten kein Interesse daran, das kostengünstige Personalreservoir zu verlieren und zusätzliche finanzielle Verpflichtungen auf sich zu nehmen.

Es nimmt daher nicht wunder, dass die Kirche genau an diesem Punkt beim Staat nachhakte. Der Fall, dass Pfarrfrauen 48 Stunden in der Gemeinde beschäftigt seien, dürfte »selten praktisch werden«, konterte die Kirche gegenüber dem Staat, denn »auch wenn sie mit ihrer ganzen Arbeitskraft in der Arbeit ihres eingezogenen Mannes« stünden, befänden sie sich »in keinem bezahlten Angestelltenverhältnis zur Kirche«. Sie leisteten ihre Arbeit zwar im Auftrag derselben, aber »ohne Vergütung und ohne Dienstvertrag in ihrer Eigenschaft als Pfarrfrau«. (Archiv Berlin 19)

Deutlicher konnte nicht zum Ausdruck gebracht werden, dass es hier um das Abschöpfen unentgeltlicher weiblicher Arbeitskraft ging. Während staatlicherseits darum gerungen wurde, ob der Arbeitsverdienst der Soldatenfrauen auf ihre Familienunterstützung angerechnet werden sollte oder nicht, stopfte die Kirche ihr Personalloch auf Kosten des Staates. Von diesem durch Familienunterstützung oder Wehrsold versorgt, konnte die Kirche auf die Pfarrfrauen zurückgreifen. Die Pfarrfrauen ihrerseits unterstützten in der Mehrzahl den Kampf um ihren Status, weil er sie vor der ungeliebten Tätigkeit in der Rüstungsindustrie schützte. Im Dezember 1943 erkannte der NS-Staat die von der Kirche vorgetragenen Beschwerden an und gab den Arbeitsämtern die Richtlinie vor, Pfarrfrauen, deren Arbeitskraft »durch die kirchliche Beschäftigung voll in Anspruch genommen wird«, nicht abzuziehen. (Archiv Berlin 19)

Das Nachgeben des NS-Staates in dieser Frage ist keineswegs als kirchenpolitischer Erfolg zu werten, ganz im Gegenteil: Während des Krieges verschlechterte sich das Staat-Kirche-Verhältnis auf allen Ebenen enorm. Den Hintergrund für den Erfolg der Freistellungsbemühungen bildete vielmehr die bereits angedeutete Vorsicht der staatlichen Stellen, die Stimmungslage an der Front nicht durch Zwangsveranstaltungen gegen Soldatenfamilien zusätzlich zu belasten.

Während sich die oberste kirchliche Ebene den indirekt vorgegebenen Professionalisierungsanforderungen widersetzte, blieb deren Formulierung im konkreten Fall unerlässlich. Das brandenburgische Konsistorium erteilte den Superintendenten die Vollmacht, über den »Arbeitseinsatz von Pfarrfrauen« zu verhandeln. Es sei aber darauf zu achten, so die Verwaltungsbehörde, dass »ein vom Gemeindekirchenrat beschlossener Auftrag für den Dienst in der Gemeinde vorliegt, der die einzelnen Aufgaben festlegt und auch die Entschädigungsfragen regelt«. (Berlin Archiv 20)

Das Konsistorium ging davon aus, dass »in einem durchschnittlichen Pfarramt unserer Kirchenprovinz die Erteilung des Konfirmandenunterrichtes, die Abhaltung von Lese- und Kindergottesdiensten, die Leitung der Frauen- und Jugendarbeit sowie die Besorgung der laufenden Verwaltung (Kirchenbuchführung) eine Beschäftigung von mindestens 24 Wochenstunden erfordert«. (Berlin Archiv 20)

Die unrealistisch nach unten abgerundete Stundenzahl, die allein durch die staatliche Vorgabe zustande kam, weist aus, dass weder für pfarramtliche Tätigkeit noch für deren formell nichtqualifizierte Vertretung Maßstäbe existierten, nach denen eine angemessene Quantifizierung und Qualifizierung der Arbeit hätte vorgenommen werden können. Auf der anderen Seite ist aber eine Verschiebung in der Bewertung der Tätigkeit zu bemerken. Gehörte es zwei Jahre zuvor schlicht zu den »ehelichen Pflichten«, die Gemeinde am Leben zu erhalten, entwickelte sich durch den Außendruck ein Bewusstsein dafür, dass hier »Arbeitskraft« für klar festgelegte Aufgaben aufgewendet wurde. Ende 1944 nahmen die Arbeitsämter kaum noch Rücksicht auf die von der Kirche ausgehandelten Ausnahmeregelungen. Pfarrfrauen und selbst angestellte Gemeindehelferinnen wurden für den »kriegswichtigen Einsatz« aus der kirchlichen Arbeit abgezogen. (Archiv Berlin 21) Mit dem langsamen Vorrücken der Sowjetarmee, das Ströme von Flüchtlingen aus dem Osten des Reichs in die brandenburgischen Pfarrhäuser spülte, mit der Angst und massenweisen Flucht vor den herannahenden Russen, brach die relativ geregelte Arbeit der Pfarrfrauen in ihren Gemeinden zusammen.

Nur in dem schmalen Zeitfenster zwischen der Ausrufung des totalen Krieges und seinem bitteren Ende wandelte sich die Rolle der Pfarrfrauen von der abhängigen Ehefrau zu einer umfassend agierenden Vakanzverwalterin, deren Tätigkeit unabhängig von der des Mannes definiert werden konnte. Entsprechend der konsistorialen Anweisung schlossen die brandenburgischen Gemeinden Niederfinow und Liepe im November 1943 einen Dienstvertrag mit ihrer Pfarrfrau Elsa Lemcke, einer im Burckhardthaus ausgebildeten Gemeindehelferin, der ihre Arbeitszeit auf 36 Stunden und eine Entschädigung von 100 Reichsmark festsetzte. Zum Vergleich: Eine Gemeindehelferin verdiente zu dieser Zeit etwa das Doppelte, ein Pfarrer mindestens das Fünffache. (Archiv Berlin 22)

Natürlich wurden nicht alle Pfarrfrauen als Vakanzverwalterinnen tätig. Oft waren sie vor allem deshalb wichtig, weil sie dem Pfarramtsverwalter den Haushalt führten, weil sie Soldaten einquartierten und auch sonst für die soziale Infrastruktur in den ländlichen Gegenden sorgten. Als das Arbeitsamt im Brandenburgischen Forst auf die Pfarrfrau zugreifen wollte, jammerte der zuständige Vakanzverwalter, dass er im Falle der Dienstverpflichtung der Pfarrfrau »sogar die Reinigung und Heizung des Amtszimmers ... selbst besorgen« müsse. (Archiv Berlin 23)

Das scheinbar selbstverständliche Agieren von Pfarrfrauen in der Kriegszeit stellte keine neue Entwicklung ihrer Rolle dar. Vielmehr handelt es sich wohl um eine Art Freilegungsprozess. In Abwesenheit der Amtsinhaber zeigte sich, dass das jahrhundertealte Modell des evangelischen Pfarrhauses in hohem Maß von einer nachhaltigen Gemeindetätigkeit der Pfarrfrau abhing, die sich nun vielerorts in ihrem ganzen Umfang zeigte. So schnell, wie sie offenbar wurde, verschwand sie allerdings nach der Rückkehr der Pfarrer wieder.

Die Kirchenbehörden verlegten sich während der gesamten Kriegszeit auf die Verwaltung des Ist-Zustands, auf den weder theologische noch ideologische Argumente nennenswerten Einfluss hatten. Die leitenden Behörden ließen sich aktivieren, wenn es um Aufrechterhaltung des kirchlichen Dienstes ging. Die Tätigkeit von Frauen in der Kirche, von den Pfarrfrauen bis zu den Vikarinnen, stellte sich in erster Linie als eine Frage von Rechtsstellung und Besoldung dar. Die theologische Diskussion, die sich am Amt der Vikarin entzündete, überließen die deutsch-christlichen Behörden der Bekennenden Kirche.

Vikarin, Gemeindehelferin, Pfarrerin? –
Wie der Krieg Frauen ins Pfarramt brachte

Warum wurde die Kontroverse um die Frau auf der Kanzel ausgerechnet in den Jahren des Krieges so erbittert geführt? Allein den Mangel an kirchlichen Arbeitskräften im Krieg verantwortlich zu machen hieße, die Ursache mit der Wirkung zu verwechseln. Für den Arbeitskräftemangel hätten Übergangsregelungen für Laien ausgereicht – an den Pfarrfrauen zeigte sich, dass dem Mangel pragmatisch begegnet worden ist, unabhängig von der kirchenpolitischen Orientierung. Die intensive Diskussion um Rechtsstellung und theologische Begründungen, die nicht recht in die Zeit zu passen scheint, findet darin keine ausreichende Erklärung.

Zunächst ist bei der Tatsache anzusetzen, dass es auch in den 1940er Jahren noch um die Neukonstituierung eines Berufsfelds ging, das sich gegen die mentalen Tiefenströmungen eines traditionellen Gesellschaftsverständnisses durchsetzen musste. Im Jahr 1939 war es gerade erst zwölf Jahre her, dass eine gesetzliche Grundlage für die pfarramtsähnliche Tätigkeit von theologisch gleichwertig qualifizierten Frauen in Kraft war. Wenn davon auszugehen ist, dass Frauen nach dem Leitbild der Mutterschaft bewertet wurden, so ist mit Händen zu greifen, dass gerade der Pfarrberuf dieser Bestimmung diametral entgegenstand. Der Versuch, die Verbindung von Frau und Mutterschaft durch Zölibatsklauseln zu durchbrechen, konnte die mentalen Schranken nicht öffnen.

Mitten im Krieg schrieben eine Reihe wissenschaftlich arbeitender Theologen ihre Gutachten gegen die neue Rolle der Frau in der Kirche. Im Streit um die Frauenordination trugen diese Herren allerdings kaum theologische Erkenntnisse vor. Sie argumentierten vielmehr mit einer Grundauffassung davon, wie Männer und Frauen in der Gesellschaft zu leben hätten. Was von Theologieprofessoren wie Peter Brunner und Heinrich Schlier zu lesen war, glich eher exegetischer Akrobatik mithilfe vorwissenschaftlicher Urteile. Das Göttinger Frauenforschungsprojekt hat diese Diskussion minutiös nachgezeichnet und veröffentlicht. Die leicht zu durchschauende Strategie bekenntniskirchlicher Theologen bestand darin, einen Kernbereich pfarramtlicher Tätigkeit zu definieren, zu dem Frauen keinen Zugang haben sollten. Während die Kirchenbehörden pragmatisch sogar unausgebildete Pfarrfrauen in den Dienst nahmen, konnte sich die Hamburger Synode des altpreußischen Bruderrates der Bekennenden Kirche 1942 nicht zu einer theologischen Begründung für die Zulassung von Frauen zum Pfarramt durchringen.

Eine nicht gering zu schätzende Rolle spielte im Streit um die Frauenordination die Möglichkeit, die Vikarinnen gegen die Gemeindehelferinnen auszuspielen. Bei allen Überlegungen der DEK zur verwaltungsmäßigen Verortung ausgebildeter Theologinnen bildete das Modell Gemeindehelferin eine allgegenwärtige Norm – in Besoldungsfragen, in der Abgrenzung der Aufgabenbereiche und in der Frage von Ordination oder Einsegnung (vgl. Herbrecht, 1997, 421.423.433.436). Wenn die oberste Kirchenbehörde im Januar 1942 von einer »feierlichen kirchlichen Beauftragung« für die Vikarinnen sprach, die sich von der »Einsegnung einer Gemeindehelferin« wesentlich unterscheiden sollte, so war nichts dahinter. (Herbrecht, 1997, 427) Ohne im historischen Konjunktiv zu stochern – die Testphase für die Vikarinnen im Niemandsland zwischen Religionspädagoginnen und Gemeindehelferinnen wäre ohne den Druck der NS-Zeit vermutlich von längerer Dauer gewesen. Der Kriegsbeginn, der die Verdichtungsprozesse kirchlicher Arbeit erheblich beschleunigte, versetzte Vikarinnen wie auch Gemeindehelferinnen an einen Ort, von dem sie im Prinzip ferngehalten werden sollten – in das Pfarramt.

Weil sich die kirchlichen Führungsgremien bemühten, weibliches Personal gerade in die vakanten Gemeinden zu lenken, förderten sie faktisch die Entwicklung der Vikarin zur Pfarrerin. Eines von vielen Beispielen: Die Vikarin Annemarie Winter, Reisesekretärin der Pommerschen Frauenhilfe – ein klassisches Tätigkeitsfeld für Gemeindehelferinnen –, trat im Oktober 1939 ihre erste Gemeindestelle an. »Der Krieg brachte es mit sich«, so berichtete sie später, »dass ich mehr und mehr zur vollen Hilfspredigertätigkeit herangezogen wurde.« (Herbrecht, 1997, 433) So und ähnlich verliefen die Berufsbiografien von Vikarinnen in den Jahren 1939 und 1940. Der Graben zwischen offiziellem Status und realer Tätigkeit vergrößerte sich für die Betroffenen in unerträglicher Weise. Die Frauen, vor allem die Theologinnen in der Bekennenden Kirche, hatten ein Interesse an der Klärung ihrer Position. Sie brachten das Thema auf die Tagesordnungen der Bekennenden Synode in Hamburg – und erlebten eine Niederlage.

Die andere kirchenpolitische Seite reagierte gespalten – während deutsch-christliche Hardliner in Hamburg aus explizit ideologischen Gründen gegen eine pfarramtliche Tätigkeit von Frauen votierten, äußerten sich die extrem deutsch-christlichen Führungen von Sachsen und Thüringen prinzipiell positiv. (Herbrecht, 1997, 404f.) Die frauenpolitische Trennlinie verlief quer zur kirchenpolitischen Trennlinie.

1944 kam es zu einem Vikarinnengesetz für die gesamte Evangelische Kirche. Aber auch darin blieb die Tätigkeit von Vikarinnen beschränkt auf die weiblichen Teile der Gemeinde – Männern durften sie kein Abendmahl austeilen. Ähnliches hatte die Bekennende Kirche zwei Jahre zuvor in Hamburg beschlossen. Die Einstellung zur Frau

im Pfarramt war also kein theologisches oder kirchen-
politisches Thema, auch wenn Männer das gern behaupteten.

Ob Hamburger Synode oder Kirchengesetz – beides
stand in krassem Widerspruch zur Realität. Mit fortschrei-
tender Dauer und Intensität des Krieges hielten nicht nur
Vikarinnen, sondern auch Gemeindehelferinnen und Pfarrfrauen Gottesdienste, tauften und – vor allem – beerdigten.
Vikarinnen und Gemeindehelferinnen begleiteten »ihre«
Gemeinden auf den Trecks und wurden als geistlicher Bei-
stand in Anspruch genommen.

Die zum Burckhardthaus gehörende Gemeindehelferin
Streetz schrieb im August 1945 aus dem Kreis Sagan, öst-
lich der Oder, wo sie unter sowjetischer Besatzung mit ihrem Treck festgehalten wurde: »Um 6 Uhr ist dann Gottesdienst, alles in der Schule. Alle Vorbereitungen muss ich
ohne jeden Kommentar machen. Aber die Menschen kommen und fragen danach.« (Archiv Dresden 1)

Beispielen von souveräner Gemeindeführung stehen
Fälle grenzenloser Überforderung gegenüber, wie die Biografie der Vikarin Ilse Fredrichsdorff illustriert. (Schatz-
Hurschmann, 1996, 121–159) Sie starb im November 1945
in Lietzen, in einer ihrer zwei Gemeinden, für die sie
zwei Jahre zuvor, ohne Begleitung oder Berufsvorberei-
tung die Vakanzverwaltung übernommen hatte. In den
Wirren des Zusammenbruchs als Pfarrerin, Soldatenseel-
sorgerin, Treckführerin sich selbst permanent überfor-
dernd, geriet sie in extreme Beanspruchungen, in denen sie
einerseits als Amtsperson akzeptiert, andererseits als Frau
degradiert wurde. Die Rückkehr in das von den Russen
besetzte Dorf bedeutete die sichere Vergewaltigung, dem
Hunger folgten Typhus und Tod.

Den Gremien der Bekennenden Kirche, selbst Pfarrern
wie Heinrich Albertz oder Kurt Scharf, der im Januar 1943
auf eigene Faust selbst Vikarinnen ordiniert hatte, fehlte

der Blick für die Verantwortungslosigkeit, Frauen wie Fredrichsdorff in so extremen Situationen zu »verheizen«.

Eine letzte Beobachtung zu den Vikarinnen: Auffallend viele von ihnen nahmen das Risiko eines Einsatzes für rassisch Verfolgte auf sich. Angefangen bei Klara Hunsche, die die Familienschule in der Berliner Oranienburger Straße für getaufte Juden bis zu deren vollständiger Auflösung durch die Gestapo gemeinsam mit Heinrich Grüber betrieb, über die regionalen Kontaktstellen des Büros Grüber, die in Schlesien von Katharina Staritz, in Pommern von Edith Calamé geführt wurden, und über Ina Gschössl, die sich in Köln um Christen jüdischer Herkunft bemühte, bis hin zum Kreis um Hannelotte Reiffen, die mithilfe eines weitverzweigten Netzes von Kontaktpersonen, unter ihnen wiederum die Vikarinnen Ilse Härter und Liselotte Lawerenz (Jähnichen, 1996 , 71), Menschen versteckte und ihnen mit falschen Papieren zur Auswanderung verhalf.

Widerstand dieser Art war die Sache Einzelner, die sich aus unterschiedlichen Motiven beteiligten. Dass die Vikarinnen als eine klar erkennbare Berufsgruppe hervortraten, hing mit ihrer christlich-humanistischen Gesinnung, aber auch mit der Geschlechterordnung des Nationalsozialismus zusammen: Die symbolische und reale Herabsetzung von Frauen bot in diesem Fall Schutz. Sie konnten von ihrer ungesicherten Position aus unauffälliger agieren als ihre männlichen Kollegen.

Insgesamt zeigt sich auch für die Vikarinnen und Gemeindehelferinnen, dass das Ausfüllen ungewohnter Handlungsspielräume sich auf den Zeitraum des Zusammenbruchs, die Zeit zwischen 1943 und 1945/48, beschränkte. In diesem Zeitfenster, das von staatlichem und kirchlichem Reglement vor Ort nahezu frei war, handelten Gemeindehelferinnen und Vikarinnen in seelsorgerlicher und pfarramtlicher Hinsicht selbstständig. Die Menschen in den Gemeinden akzeptierten das nicht nur, zum Teil forderten sie es auch ein.

War das nun Emanzipation, die Befreiung der Frau aus dem Gefängnis patriarchaler Strukturen? Die handelnden Frauen würden dies sicher bestreiten. Unter den extremen Lebensbedingungen, ständig vom Tod »umfangen«, ist die Übernahme von Tätigkeiten aus dem »männlichen« Bereich als eine Form der Pflichterfüllung betrachtet worden.

Die oft beklagte Tatsache, dass sich die Handlungsräume für Frauen so schnell wieder schlossen, wie sie sich aufgetan hatten, weist darauf hin, dass die Erfahrungen des Krieges gerade in genderspezifischer Hinsicht als Abweichung von der Norm begriffen wurden. Nach dem Ende des Krieges hatten nicht nur die von der Front heimkehrenden Soldaten, sondern auch die Frauen und Mütter Sehnsucht nach der alten, klaren und verklärten Ordnung der Geschlechter. Die Wiederherstellung der Norm erfuhr wesentliche Unterstützung durch die theologische Akzeptanz der kirchlichen Verdichtungsprozesse, die 1933/34 eingesetzt hatten. Bis weit in die 1960er Jahre wurde die Rückbesinnung auf das »Eigentliche«, auf Bibel, Gebet und Gesangbuch, als Ertrag der Bekennenden Kirche geradezu beschworen. Dass diese Rückbesinnung in den Gemeinden überhaupt ankam, war eine Leistung der Gemeindehelferinnen, Pfarrfrauen und Vikarinnen. Sie übten ihre Tätigkeit in jenen Bereichen aus, die für eine nachhaltig veränderte Kirchlichkeit Schlüsselfunktionen einnahmen. Was nützen kirchliche Ordnungen, wenn sie niemand umsetzt? Ohne die Arbeit der Frauen während des Krieges und danach hätte das neue Programm nicht vollzogen werden können.

Warum gab es das große Rollback in den 1950er Jahren? Warum haben sich all die tapferen Kirchenfrauen zurück in die Küche stellen lassen. Warum blieben die Vikarinnen nicht einfach Pfarrerinnen? In der christentumsfeindlichen

Umgebung des Dritten Reichs kam den christlichen Gemeinden während der Kriegszeit vor allem eine Aufgabe zu – die des Trostes. Trost hat etwas mit Mütterlichkeit zu tun, mit der fürsorgenden Geborgenheit, die Kinder darin erfahren. Das erklärt, warum die Menschen, in der Mehrheit Frauen – die Männer waren ja im Krieg –, andere Frauen im Pfarramt akzeptierten. Das Gedenken an die Gefallenen und die Toten des Luftkriegs prägte in der letzten Kriegsphase das gottesdienstliche Geschehen. Religiöses Leben konzentrierte sich zunehmend auf den Bereich von Trost und Sinngebung. Für diesen Bereich schienen Frauen auf fast »natürliche« Weise kompetent. Die Wesensdifferenz, an die geglaubt wurde, stand hier der »Frau im Pfarramt« gerade nicht im Weg, sondern förderte vielmehr die von ihr erwartete Aufgabe – Trost zu spenden und den Glauben zu erhalten. Der Gottesdienst geriet zu einem Ort der Trauer, für deren Bewältigung die Verbindung von Amt und weiblichem Geschlecht gerade nicht hinderlich war.

Es hing also wesentlich mit der Funktionsverengung der Religion in der letzten Kriegsphase zusammen, dass die Positionsveränderung von Frauen in der Praxis akzeptiert wurde. Jedoch blieb dieses Einrücken in die männliche Position des Amtes ausdrücklich auf die Dauer des Krieges beschränkt. Der praktisch sichtbare Ausnahmezustand der »Frau auf der Kanzel« musste als Abweichung des Normalen dargestellt werden, der beendet würde, wenn die Extrembedingungen des Krieges entfielen.

Und so war es ja auch. Erst in den späten 1950er Jahren begannen die ersten Landeskirchen mit der Frauenordination – noch immer verbunden mit dem Gebot des Singledaseins.

Die Macht der Erinnerung –
gegen die Kultur des Vergessens

»*Look back in Anger*«, Blick zurück im Zorn, heißt ein Theaterstück von John Osborne aus dem Jahr 1956, das die Wut eines jungen Mannes über ein arrogantes Establishment beschreibt, das Menschen aus anderen sozialen Schichten mit offenen und subtilen Mitteln ausschließt. Der weibliche Blick zurück ist selten zornig, eher mild und verständnisvoll. Ist das der Grund, aus dem der kirchliche Stillstand und der spätere Schneckengang so lange anhalten konnten? Sicher, auch Frauen haben kräftig mitgewirkt – erst bei der Verhinderung der Frauenrechte, später bei der Verzögerung der Frauenordination. Die kühnen Vorkämpferinnen für die Gleichstellung von Frauen und Männern im Pfarramt wie die heute 100-jährige Ilse Härter haben nicht nur gegen männlichen, sondern auch weiblichen Widerstand agiert. Und natürlich – es gab immer Männer, die dem Mainstream nicht gefolgt sind, dafür aber ihrem eigenen Verstand. Zu diesen gehörte ein wenig Adolf Stöcker, trotz seines unentschuldbaren Antisemitismus, zu ihnen gehörte ganz und gar Kurt Scharf, der Ilse Härter im Januar 1943 ordinierte. In diesem Kriegsjahr gab es 200 eingesegnete Vikarinnen, 1958 waren es 400 ordinierte Pfarrerinnen, in den 1970er Jahren etwa 1000 und erst nach der Jahrtausendwende gibt es nun immerhin 6000 ordinierte Theologinnen. Eine langsame, zähe Entwicklung. Die Frauenfernhaltestrategien waren hoch wirksam.

Wer die Geschichte kennt, darf auf die scheinheilige Frage nach den Folgen einer Feminisierung der Kirche nicht hereinfallen. In den schrecklichsten Krisenzeiten, die sich kein Mensch zurückwünscht, haben Frauen, die verantwortungsvoll und beherzt das Amt übernahmen, der Kirche das Überleben gesichert. Das ist ein Unterschied zur katholischen Kirche, wo die Geistlichen nicht zum Militär eingezogen wurden und folglich die riesige Lücke im Amt nicht entstand. Aber auch in der katholischen Kirche arbeiteten Verbände, die ungleich härter von der nationalsozialistischen Unterdrückungspolitik getroffen waren. Dort sorgten Frauen für das kirchliche Leben und Überleben genauso wie in der evangelischen Kirche. Die Kirche wird nicht irgendwann in der Zukunft weiblich, sondern sie war es und sie ist es.

Erinnerung ist in der Kirche keine Nebensache. Kirche ist immer Erinnerungsgemeinschaft – nicht nur in der Erinnerung an Jesus Christus in der Taufe, im Abendmahl, im Evangelium, sondern auch in der Erinnerung an Geschichte, »die noch qualmt«. Pfarrerinnen und Pfarrer nehmen hier eine Schlüsselfunktion ein: Sie inszenieren Gedenkakte, halten Festreden, bewilligen Gelder für Gedenkpreise.

Erinnerung braucht Namen und Orte, anders können wir sie nicht im Gedächtnis aufbewahren. Es ist gut, dass wir inzwischen die Namen einer ganzen Reihe von Theologinnen kennen, die im Nationalsozialismus der Menschenverachtung mutig widerstanden haben. Warum aber kennen wir die Namen der anderen Frauen nicht, derer, die dafür gesorgt haben, dass das gemeindliche Leben nicht zum Erliegen kam? Wenn Kirche Erinnerungsgemeinschaft ist, wenn Kirchenfrauen darin ihren Platz erobern, dann muss die ganze Wahrheit ans Licht!

Solange Frauen und ihre Geschichte dem Vergessen anheimgegeben werden, gehören sie nicht im Vollsinn zu dieser Gemeinschaft, und dann kann scheinbar unschuldig und arglos gefragt werden, wo das denn enden wird mit der Feminisierung der Kirche.

Wer die Geschichte kennt, sollte zornig werden vor so viel Ignoranz. Gott sei Dank hat sich in den vergangenen 20 Jahren viel aufgehellt, Kirchengeschichte, Frauengeschichte ist geschrieben worden, Namen und Gesichter tauchten aus dem Staub des Vergangenen auf. Wer kannte Katharina Staritz, bevor Hannelore Erhart und andere ein faszinierendes Buch mit ihren Briefwechseln veröffentlicht haben? Wer erinnerte sich noch an die theologischen Peinlichkeiten führender Theologen, mit denen sie ihr eigenes Geschlecht und das Pfarramt auf immer zusammenschweißen wollten, bevor das Göttinger Frauenforschungsprojekt die Quellen zusammentrug? Wer kannte Elisabeth Schmitz, unter Männern und Frauen die einzige Theologin im Dritten Reich, die klare Worte gegen die Verfolgung der Juden fand? Wer kannte sie, bevor Manfred Gailus ihr Leben rekonstruiert hat? Erinnerung – das sind Namen mit Geschichten, nicht nur die biblischen, nein auch die, deren Kinder und Enkel noch leben.

Es reicht nicht, wenn Frauen Geschichte machen – sie muss auch erinnert werden. Auch das ist Politik, Erinnerungspolitik. Denn wer die Geschichte schreibt, ist mächtig. Und wie überall stellt sich auch in der Kirche die Frage: Wer macht die Arbeit und wer macht die Politik? Meistens übernehmen Männer großzügig das Letztere und überlassen Frauen Ersteres. Frauen machen Geschichte und Männer machen Erinnerungspolitik? Auch diese Gleichung ist zu schlicht: Ausstellungen, Filme, Bücher, ein Förderpreis für Feministische Theologie – das alles gibt es und das alles ist Erinnerungspolitik für eine vollständige Kirchengeschichte.

Doch in der Erinnerungspolitik müssen Pfarrerinnen von heute aufpassen, dass sie nicht denselben Fehler machen wie gestern ihre männlichen Kollegen: Über den Stolz, dass sich der Anteil der Frauen am geistlichen Amt seit Mitte der 1970er verachtfacht hat, gerät allzuleicht aus dem Blick, dass die Berufstätigkeit von Frauen in der Kirche viel früher beginnt und einen viel größeren Radius umfasst. Die abenteuerlichen Anfänge des weiblichen Pfarramts sind inzwischen ausgezeichnet erforscht. Was aber ist mit den

Gemeindehelferinnen? Was mit den Pfarrfrauen, die im Ranking der historischen Heldinnen nicht vorkommen? Erst wenn die Namen auch dieser Frauen und nicht nur die der ersten Theologinnen langsam zu einem Teil kirchlicher Erinnerungskultur werden, wenn uns bei dem Gedanken an die Bekennende Kirche in Berlin-Dahlem nicht zuerst Martin Niemöller, sondern Elisabeth Schmitz und die anderen mutigen Frauen einfallen, dann wandelt sich langsam die Kultur des Vergessens. Die Vorkämpferinnen für das Pfarramt werden heute schon erinnert. Auf diesem Weg muss es weitergehen. Doch diese neue Erinnerungskultur darf nicht zu einer neuen Verdrängungs- und Vergessenskultur führen! Abermals werden Kirchenfrauen in den Abgrund des Vergessens zurückgestoßen, diesmal aber nicht durch die männliche Überlieferung, sondern durch die Frauen, die sich selbst einen Platz auf der Sonnenseite der Erinnerungsgemeinschaft sichern wollen.

Sonnig ist es nämlich nur auf der Seite des Amtes, nicht auf der des einfachen Dienstes. Da gibt es zum Beispiel einen Hanna-Jursch-Preis, der an die erste Theologieprofessorin erinnert und für besondere Leistungen in der historischen Frauenforschung vergeben wird. Als der Preis zum ersten Mal verliehen wurde, erhielten ihn drei Theologinnen, die wiederum die Biografie einer Theologin aufgearbeitet hatten. Das ist alles wichtige Arbeit an der Kultur des Gedächtnisses. Aber auf der Seite des Dienstes von nicht-ordinierten Frauen ist es eher schattig. Es gibt keinen Preis, der an die erste Gemeindehelferin erinnert, es gibt keinen Elisabeth-Gnauck-Kühne-Preis, der an die Anfänge der kirchlichen Frauenbewegung erinnert – dabei wäre Gnauck-Kühne sogar eine ökumenische Figur, weil sie in ihren späten Jahren zum Katholizismus übergetreten ist.

Pfarrerinnen managen die Erinnerung an ihren Weg in das Amt. Der Weg kann inzwischen als gut erforscht gelten.

Sie sind damit fast genauso erfolgreich wie das Erinnerungsmanagement an die Bekennende Kirche im Dritten Reich. Obwohl in den besten Zeiten höchstens ein Drittel der Deutschen Pfarrerschaft der Bekennenden Kirche angehörte, ist sie heute ein Gründungsmythos der evangelischen Kirche in der Nachkriegszeit. Nur mühsam kann das tatsächliche Bild korrigiert werden.

Dabei sind die Pfarrfrauen, die Gemeindehelferinnen, die ehrenamtlich arbeitenden Frauen die unsichtbaren Agentinnen jenes Wandels, den die evangelische Kirche im 19. und frühen 20. Jahrhundert durchgemacht hat. Heute gehören Frauenarbeit, Jugendarbeit, pädagogische Angebote und Sozialdienste selbstverständlich zur Gemeindearbeit und in die Verantwortung jedes Pfarramts. Eine Gedächtniskultur, die an der Wahrheit interessiert ist, darf den weiblichen Anteil an der Kirchengeschichte außerhalb von Amt und Würden nicht dem Vergessen preisgeben. Dann käme es auch nicht zu diesem merkwürdigen Erschrecken darüber, dass plötzlich die Kirche feminisiert würde, nur weil ein paar Frauen im Pfarramt angekommen sind.

4. »In Selbstzweifel bin ich gut« – Frauen in Führungspositionen der Kirche

Nachdem die Pfarrerinnen bei der Erinnerungspolitik so schlecht weggekommen sind, soll es nun doch um sie gehen. Frauen im Pfarramt sind nicht die Einzigen, an die das Feminisierungsbarometer angelegt werden muss, aber Pfarrerinnen nehmen eine bestimmte Stelle in der Organisation Kirche ein und sind bei der Frage nach der Macht der Frauen in der Kirche Schlüsselfiguren. Neben den anderen hauptamtlichen Frauen in erzieherischen Feldern, neben den Ehrenamtlichen, die es zum Beispiel auf sich nehmen, neben Beruf und Familie im Rat der EKD zu sitzen. Wenn klar ist, dass die Pfarrerin nicht die einzige kirchengestaltende Frauenrolle ist, dann ist der Blick frei für einen realistischen Blick auf die eigene Zunft – und ihre Führungskünste.

Wo sind sie denn, die Führungsfrauen unter den Pfarrerinnen? Viele von ihnen halten sich in den Zwischenetagen auf, in der berühmten zweiten Reihe – frei nach dem *Eurythmics*-Songtext: »*Behind every great man, there has to be a great woman.*« Vizepräses, Stellvertretende, Referentin von ... und so weiter. Wie gut die Führungsebenen der Landeskirchen mit Frauen gefüllt sind, hängt von der mentaltheologischen Landschaft ab – in Hessen-Nassau ist auf Kreisebene fast Geschlechterparität hergestellt, in Sachsen amtiert nur eine einzige Superintendentin. *Token*-Status heißt das in der Fachsprache der Genderforscher. Die eine Frau steht für »alle« Frauen, sie ist immer »die« Frau; sie ist Glücksfall oder Testfall, aber nie nur sie selbst. (Vgl. Seite 84)

Frauen, Führung, Kirche – wer genau hinschaut, sieht den heimlichen Lehrplan: langsam, langsam. »Kein Mensch betreibt heute eine aktive Diskriminierung«, befand Heide Trommer, die Frauenbeauftragte des Diakonischen Werks der EKD, die inzwischen ohne Nachfolgerin ausgeschieden ist, kurz nach der Jahrtausendwende. Aber, so sagte sie, gäbe es Faktoren, die Gleichstellung behindern: intransparente Verfahren, fehlende Planung und die Bilder in den Köpfen. (Trommer, 2001, 11)

Die Macht der inneren Bilder

Um die Bilder in den Köpfen, die Bilder von der Kirche, von Führung und vom Geführtwerden – darum soll es im Folgenden gehen.

Beginnen muss ich mit einer kleinen Geschichte der Gleichstellungspolitik, dem leidigen Thema *GenderMainstreaming*. In der Kirche gilt es als ein Wort-Container, der herumgeschoben wird, ohne dass jemand ihn öffnen oder gar in seinem Büro stehen haben möchte. Er steht aber in allen Büros, die mit öffentlicher Förderung zu tun haben. Seit mehr als 10 Jahren ist *GenderMainstreaming* Auflage für alle, die staatliches Geld brauchen.

In der Mitte der 1990er Jahre begann der große Aufschwung der Frauen- und Gleichstellungspolitik in den Kirchen. Zehn Jahre später verebbte er bereits wieder. Etwa vor 15 Jahren erreichten die Forderungen nach einer legislativen Anerkennung der Gleichstellungspolitik die gesetzgebenden Gremien der Kirchen. Aufschlussreich zu lesen sind die heißen Debatten in den Gesetzgebungsverfahren. Angefangen bei der Frage, ob solche Gesetze überhaupt nötig seien, bis hin zu der verstiegenen Behauptung, ein *GenderMainstreaming* könne nicht eingeführt werden, weil es dafür keine deutsche Übersetzung gäbe, blies der

Gegenwind. Noch in einem Werbeflyer der EKD-Gleichstellungsbeauftragten von 2009 wird geduldig lexikalisch erklärt, was *Gender*, was *Mainstreaming* bedeutet und was sie beide zusammen besagen.

Die Verabschiedung der juristischen Texte wurde als großer Sieg gefeiert, der zu beweisen schien, dass die ernsthaften Anstrengungen zur Gleichstellung der Geschlechter und zur paritätischen Besetzung von Führungspositionen in den evangelischen Kirchen Fuß gefasst hätten. Als ein Erfolg dieses »Marsches« durch die Synoden wurde denn auch die Wahl Margot Käßmanns zur Bischöfin in einer als konservativ geltenden Landeskirche 1999 gewertet. Die Gleichstellungspolitik schien Wirkung zu zeigen. Ende der 1990er Jahre, auf der Höhe des allgemeinen Gleichstellungsbewusstseins, ermöglichten starke Netzwerke unter den Frauen die Wahl einer Frau in das höchste Amt der Evangelisch-lutherischen Landeskirche Hannovers. Nur ein Jahr zuvor war in derselben Landeskirche die erste Frau in ein regionales bischöfliches Amt unterhalb der Leitungsebene gewählt worden, erst seit den frühen 1990er Jahren amtierten zwei Superintendentinnen neben ihren 28 Kollegen.

Während in Hannover eine Bischöfin in einer Kirche ohne Gleichstellungsgesetz amtierte, resümierten andere Landeskirchen ihre Erfahrungen mit einem Gleichstellungsgesetz – ohne Frauen an der Führungsspitze. Interessant dabei die Erfahrungen Kerstin Feldhoffs, der tapferen Beauftragten in Westfalen bis 2004: Die Kirchenleitung hätte nur auf Anregungen, reagiert, berichtet sie, selbst keine Initiative ergriffen, obwohl das Gleichstellungsgesetz sie dazu verpflichtet hätte. Personalabteilungen boykottierten die Zusammenarbeit mit den Gleichstellungsbeauftragten, stellten Daten nicht oder unvollständig zur Verfügung. (Feldhoff, 2007) Eine Erfahrung, die kein Einzelfall ist: Vielerorts bekamen Gleichstellungsbeauftragte zu hören, dass die nach dem Gesetz geforderten Förderpläne allein den Zweck verfolgten, »alle Führungspositionen und Arbeitsbereiche zur Hälfte mit Frauen zu besetzen«. Von vielen Männern würde dies als einziges und zentrales Ziel eines Gleichstellungsgesetzes verstanden. (Das stimmte zwar nicht, wurde aber trotzdem der größte Aufreger in der Debatte.) Die Bilder in den Köpfen sind immer auch Einbildungen, aber deswegen nicht weniger machtvoll.

Ein Bild vom Schlage der Einbildung, das sich auch in kirchlichen Köpfen wacker hält, ist die Überzeugung: Frauen wollten zwar die Macht, aber wer die bekomme, entscheide allein die Leistung. Nun ist das mit der Leistung in der Kirche eine vertrackte Sache. Die reine Lehre der Karriereberatung in Unternehmen sagt: »Seien Sie die Erste, die ›Hier!‹ ruft, wenn es gilt, ein Sonderprojekt zu bearbeiten, zeigen Sie ein ›Extra‹ an Leistung. Fallen Sie auf!« Eine Regel, die sich nicht eins zu eins auf die Kirche übertragen lässt.

Denn Pfarrerinnen (und Pfarrer) haben ein Problem, ihre Leistung zu beziffern, weil strittig ist, was deren Kennziffern sind. Woran ist die Leistung eines Pfarrers, einer Pfarrerin zu erkennen? Am Gottesdienstbesucher? An der Anzahl der Taufen oder der Beerdigungen? Da wird es schon absurd. Zahlenakrobatik ist nichts für Kirche, und der Konsens zwischen kirchlichen Personalern und Pfarrerinnen und Pfarrern geht eher in Richtung Jahresgespräche und Reflexion der alltäglichen Arbeit. Hinzu kommen die Bilder, die Pfarrerinnen und Pfarrer von ihrem Beruf im Kopf haben: Befragungen der Berufsgruppe in drei Landeskirchen in Norddeutschland sagen, dass 94 Prozent der Pfarrerinnen sich als Seelsorgerinnen und Lebensbegleiterinnen sehen. Welche Leistung kann da gemessen werden? Wie viele Trauernde getröstet wurden? Wie viele Einsame besucht wurden? Wie soll das gehen? Seelsorge und Lebensbegleitung sind Arbeit an der und in der Beziehung. Eine Leistungsdefinition ist hier genauso schwer wie in jeder anderen Beziehung. Das weiß jede, die Familie hat, das weiß jeder Mensch.

Unter den männlichen Kollegen ist dafür die Zahl derer, die sich als Hirten oder Missionare sehen, signifikant höher. Da gibt es schon eher etwas abzurechnen, frei nach der biblischen Apostelgeschichte: »Und der Herr hat soundso viele zur Gemeinde hinzugetan.« Erst Missionar, dann Hirt der Missionierten – ein offenbar klassisches Selbstbild der männlichen Pfarrerschaft.

Es kommt aber durchaus vor, dass Frauen sich nach den Regeln der außerkirchlichen Karriereberater verhalten. Nicht weil sie Missionare werden wollen oder Reformerinnen, sondern weil sie schlicht Spaß an der Sache haben – so meinen sie. Aber da ist Vorsicht für Frauen geboten: Eine Frau, die etwas leitet und vorantreibt, zum Beispiel den Ausschuss einer Landessynode, am besten noch den theologischen, fällt auf. Sie ist besser, sie ist schneller im Denken als der Durchschnitt der Männer, die bei anderer Gelegenheit darüber entscheiden, ob sie für eine Führungsposition infrage kommt oder nicht. Was für den Ausschuss ein Segen ist, kann sich für die engagierte Frau zum Fluch wenden. Ihre Leistung wird zum Risikofaktor ihrer Karriere, und wenn es schlecht läuft, kann ihr die Leistung sogar schaden. Denn: Wer will schon eine Frau neben sich oder gar über sich haben, die schneller denkt als Mann selbst?

Auch die mehr oder weniger unbewussten Wirkmechanismen der Personalauswahl machen vor der Geistlichkeit nicht halt. Die Wirtschaftsprofessorin Gertraude Krell hat nachgewiesen, dass bei Bewerbungsverfahren die Auswählenden das eigene Geschlecht bevorzugen. »Sprich: Frauen wählen lieber Frauen. Und Männer wählen lieber Männer in Führungspositionen. Schlichtweg deshalb, weil sie davon ausgehen, dass dann ihre Werte und Einstellungen geteilt werden.« (Wündrich, SZ 6./7.8.2011)

Da können noch so viele zahlenbewehrte Organisations-berater, die sich in der Kirche zunehmend breitmachen, die gemischten Teams preisen.

Der Zukunftsforscher Matthias Horx betitelte 2009 die ein Jahr zuvor ausgebrochene Finanzkrise als »Testosteron-Krise«. Im Interview mit der *Süddeutschen Zeitung* hielt er die Wahrscheinlichkeit für hoch, dass sich die Krise hätte verhindern lassen, wenn mehr Frauen in den Aufsichtsräten und Vorständen der Finanzindustrie gesessen hätten. Horx: »Sie können das ganze Kultur- und Wirtschaftssystem in eine bessere Balance bringen, in dem sie die weiblichen Aspekte – Balance, Ausgleich, Verantwortung, mehr betonen und verankern. SZ: Aha. Also mehr Frauen in Führungspositionen? Horx: Ja, unbedingt.« (Horx, SZ, 5.10.2009)

Wohlgemerkt, Horx hebt hier nicht nur auf die Wirtschaft, sondern auch auf die Kultur ab. Was hat das mit der Kirche zu tun? Sie hat – abgesehen von den ehemaligen DDR-Gebieten – zwar keinen Crash, aber eine schleichende Dauerkrise, die ihr ständig als Institutionenkrise vor Augen steht: Mitgliederverlust, Nachlassen der gesellschaftlichen Bedeutung, Bindungsverluste. Also auch ein Fall für die Horxsche Medizin? Mehr Frauen in die Führung?

Der Zukunftsforscher bedient mit seiner These eines der schönsten Bilder in den Köpfen: Das Bild von den Frauen als Retterinnen der Welt. Unter ihrer Führung funktioniere alles anders, ganzheitlicher, solidarischer, verantwortlicher. Es gibt Männer und Frauen, die dieses schönste aller Bilder vom Heil propagieren – Balance, Ausgleich, Verantwortung. Warum das so sein soll und wie es gehen soll, bleibt verschwommen. Wohin verschwinden eigentlich Konkurrenz, Neid, Ehrgeiz oder Risikowillen? Das schöne Bild von der heilvollen Balance gehört in ein Set von weiteren Bildern und Selbstbildern:

Ein weiteres sehr machtvolles Bild, das allerdings in der jüngeren Generation an Einfluss verliert, ist das von der Frauensolidarität: »Frauen sind untereinander solidarisch, weil sie Frauen sind.« Seyran Ates, die türkische Anwältin, der niemand Feminismusferne vorwerfen kann, diagnostizierte im Gespräch mit Thea Dorn: »Ein Problem vieler frauenbewegter Frauen in Deutschland ist, dass sie nicht zugeben können: Eine ist die Chefin. Da wird lieber behauptet, es gäbe keine Hierarchien, alle seien gleich und hätten sich ganz doll lieb – obwohl hintenrum die Dolche fliegen.« (Dorn, 2006, 99). Nicht nur in der Kirche ist zu beobachten, dass jüngere Frauen aus diesem unerbittlichen Wir aussteigen.

Und das dritte Bild im Set ist die konsequente Fortsetzung von John Lennons feministischen Ansichten à la »*Woman is the Nigger of the World*«. Die Botschaft, die daraus folgt, ist: Wenn Frauen erst überall beteiligt sind, werden auch alle anderen Weltprobleme gelöst sein. Eine Argumentation, die auch Margot Käßmann gern vorbringt: »Geschlechtergerechtigkeit ist definitiv ein Zukunftsthema. Ich meine, sie muss mit dem Armutsthema und der Überwindung von Gewalt verbunden und als theologisches Thema auf der Tagesordnung bleiben.« (Zapp, 2009, 220)

Das unbestrittene Phänomen, dass weltweit Frauen stärker unter Armut und Gewalt leiden als Männer, wird mit der eigenen Institution, Person und Theologie verbunden. Auf merkwürdig umgekehrte Weise wird das kaiserzeitliche Argument, dass die Lösung aller sozialen Probleme auch die sogenannte Frauenfrage von selbst löst (vgl. Kapitel 2), wiederbelebt. Seit die Frauenfrage von kirchlichen Feministinnen als befreiungstheologische Frage identifiziert wurde, ist sie quasi unauflöslich mit allen Weltproblemen verknüpft. Für die Führungsfrage heißt das, dass von jeder Frau, die in eine verantwortliche Position in der Kirche kommt, qua Geschlecht erwartet wird, dass sie sofort, intensiv, erkennbar und wirksam an der Lösung all dieser Weltprobleme arbeitet. Von der Selbstüberforderung, die durch Frauen in die Führungsetagen einzieht, war bei Horx noch nicht die Rede.

Wenn ich über die (fehlenden) Frauen in den Führungspositionen der Kirchen nachdenke, muss ich noch einen Schritt weiter gehen. Denn die Bilder in den Köpfen über Wirkung und Folgen weiblicher Führung treffen auf die Bilder von Kirche. Die Supervisorin Cornelia Edding (Edding, 2009, 167ff.) spricht von mentalen Landkarten, die Menschen von ihrer Organisation im Kopf haben. Entsprechend dieser inneren Landkarte geschieht Orientierung, horizontal und vertikal.

Was aber sind die mentalen Landkarten von Kirche, mit deren Hilfe sich die ordinierten Kirchenfrauen orientieren? Schon im Studium lernen angehende Pfarrerinnen, mit theologischen Modellen von Kirche zu hantieren – Kirche ist Schöpfung aus dem Wort Gottes, sie ist Gemeinschaft der Heiligen und sollte nach diesen Definitionen ein herrschaftsfreier Raum sein. Das sagen auch die Kirchenverfassungen. In der Grundordnung der Evangelischen Kirche von Berlin und Umgebung gibt es den wunderbaren Satz: »Alle Leitung in der Kirche ist demütiger, geschwisterlicher Dienst im Gehorsam gegenüber dem guten Hirten. Sie wird von Ältesten und anderen dazu Berufenen gemeinsam mit den Pfarrerinnen und Pfarrern ausgeübt. In gewählten Leitungsgremien sollen ehrenamtlich Tätige die Mehrheit haben. Die Ausstattung von Leitungsämtern mit Herrschaftsbefugnis verstößt gegen die Heilige Schrift.«

Frauen glauben das. Sie orientieren sich an einem Bild von Kirche als einem vielseitigen und vielschichtigen Mechanismus, der Zuständigkeiten regelt, so gut es geht. Jede und jeder füllt seine, ihre Position aus, um das gemeinsame

Ziel zu erreichen – die Kommunikation des Evangeliums zum Beispiel.

Welche Erwartungen haben nun Frauen an den oder die Superintendentin, wenn die dienende Kirche unser Modell ist? Wie nehmen Frauen Pfarrkonferenzen, Projektleitungen auf Kirchentagen, EKD-Kommissionen wahr? Frauen sehen vielfach die Sache, arbeiten fleißig am Text, der veröffentlicht werden soll. Sie kümmern sich um die Referenten, sorgen für den reibungslosen Ablauf. Sie wissen, dass in allen Gremien Spielchen um Macht ausgetragen werden, aber es interessiert sie nicht. Frauen überschätzen den Faktor Sachkompetenz.

Feministische Theorien, die die politischen Strategien den Männern zuweisen und sie als würdelos begreifen, tun ein Übriges. So entsteht die Illusion einer Differenz zwischen Männern und Frauen, wobei die Letzteren sich edelmütig gar nicht erst in die Niederungen der Rangkämpfe begeben wollen. Erst wenn der Kollege den Text präsentiert, erst wenn die Männer der Projektleitung die Moderationen der Kirchentagsveranstaltungen unter sich aufgeteilt haben, geraten Frauen ins Grübeln. Mit anderen Worten: Frauen nehmen die »offizielle Struktur«, die Ordnung, sehr ernst und – überschätzen sie.

Kirchenfrauen bürden sich Zuständigkeit auf Zuständigkeit auf in der Annahme, so wachsenden Einfluss auszuüben: »An mir kann niemand vorbei.« Sie fühlen sich für viele Bereiche verantwortlich oder sind es am Ende auch – aber die Politik, die über Größe und Ausstattung dieser Bereiche bestimmt, wird woanders gemacht. Was passiert, wenn ein Konflikt auftritt? Frauen interpretieren ihn als Regelungsbedarf. Es braucht eine neue Regel. Wenn die da ist, funktioniert die Ordnung wieder. Das Bild von der herrschaftsfreien Kirche, in der Leitung ausschließlich Dienen ist, verleitet zu diesem Denken. Konflikte sind gleichbedeutend mit Unordnung und Ausnahmezustand.

Frauen mit ihrer Orientierung an den Beziehungen neigen dazu, Konflikte für unnormal zu halten – und werden in dieser Annahme von der »reinen« (Kirchen-)Lehre noch bestärkt. Sie leiden unter Konflikten, geistig und körperlich. Doch was ist, wenn sich Konflikte nicht schnell auflösen lassen? Dann ist das, was eigentlich Ausnahme sein sollte, Alltag. Das, was nicht sein darf, aber doch ist, wird auf Dauer gestellt. Das überfordert viele Frauen, weil ihre mentale Landkarte den Konflikt nicht einordnen kann. Konflikte sind nicht normal.

Frauen arbeiten sich ab an der Person, mit der ein Konflikt besteht, am Pfarrerkollegen oder am Vorgesetzten. Kollegen ziehen da mitunter »fröhlich ihre Straße« und merken es nicht mal. Bei der »Hochschätzung von Mütterlichkeit, Vatergott und Friede auf Erden«, wie die kirchliche Organisationsberaterin Hanna Zapp (Zapp, 2009, 218) sagt, ist die Aggressionshemmung unter Frauen besonders ausgeprägt. Konflikte nicht auszuhalten, die eigene Kraft zu verspielen, das ist die tragische Kehrseite der gepriesenen Balance und Verantwortlichkeit, die so doppelbödig gepriesen wird, wenn es um mehr Frauen in Führung geht.

Im Gegensatz zu Evangelium und allen Grundordnungen ist auch die Kirche ein Feld, in dem Kräfte wirken, die niemand allein steuern kann. Sie ist ein Ort, an dem Ideen und Vorhaben der vielfältigsten Akteure miteinander konkurrieren – Frömmigkeiten, Theologien, Kirchenbilder, Männer und Frauen, Ehren- und Hauptamtliche. Es gibt in diesem Bild keine Einigkeit über den Kurs einer Landeskirche. Das klingt banal, bedeutet aber, dass – genau wie in der Demokratie – Entscheidungen von Synoden oder Kirchenleitungen Ergebnisse von gerade herrschenden Kräfteverhältnissen sind und weniger von rationalen Erwägungen, über die Konsens besteht.

Ein Beispiel: In fast allen Landeskirchen hat sich das Konzept Mission als kirchliche Leitstrategie durchgesetzt.

Der nüchterne Blick in die leer und leerer werdenden Kassen, die erschreckende Aussicht auf den demografischen Wandel erzeugte eine Angst, die nach Konzepten rief, die so schnell und wirksam sein sollten wie Kortison bei allergischen Erkrankungen. Auf dem Hintergrund der Zahlenangst gelang es den Protagonisten des missionarischen Konzepts – auf einem langen, mehr als zehn Jahre währenden Weg –, die Mehrheit der Synoden von seinen Vorzügen zu überzeugen. Mit dem besten Erfolg. Im Kampf um die Ressourcenverteilung haben die Missionarischen den anderen ein Schnippchen geschlagen. Seelsorgerliche, sozialdiakonische Ansätze oder Bildungskonzepte haben verloren, werden nun gekürzt und zurückgefahren. Missionarische Geldtöpfe werden ohne Zögern gefüllt, da gibt es finanzielle Mittel und nicht zu knapp.

Mit dem Missionskonzept hat sich quasi durch die Hintertür auch das klassische Selbstbild der männlichen Pfarrerschaft, eben der Missionar oder Hirte durchgesetzt. Die Frauen haben nicht aufgepasst oder – sich nicht durchgesetzt.

Dabei ist keineswegs ausgemacht, dass das missionarische Konzept bei der Rückgewinnung der Kirchenbindung das erfolgreichste ist. Im Gegenteil: Vieles spricht sogar dagegen. Erstens die Geschichte: Im Blick auf die zurückliegenden 200 Jahre protestantischer Kirchengeschichte zwischen missionarischen und liberalen Kirchenkonzepten wage ich die Aussage, dass der Anteil derjenigen, die sich als missionarisch oder evangelistisch geprägt verstehen, nicht gestiegen ist. Die Mitgliederbindungseffekte von Mission und Evangelisation sind auf lange Sicht nicht größer als die anderer Strategien.

Zweitens die Christenheit selbst. Eine leichte Mehrheit der Menschen, die Sinn und Geschmack für den Glauben haben, sind Frauen. Die sind aber weniger an einer Bekehrung zum Glauben interessiert als an einer wahrhaftigen

Person, die die Wahrheit der Geschichte Jesu Christi in ihr eigenes Leben einschreibt. Käßmanns Erfolg als öffentliche Seelsorgerin trifft genau dieses Interesse, und ihre kirchenbindende Kraft dürfte stärker sein als jede Evangelisation.

Zurück zum Thema: Die Kirche als Kräftefeld zu sehen und darin zu agieren verlangt andere Strategien als die Kirche des Regelwerks. Die Trotzdem-Karriere von Margot Käßmann steht exemplarisch für die Antwort auf die kluge Frage, wie Frauen denn nun eigentlich in Führungspositionen kommen. Ein Modell ist der *Token*-Status. Die »erste« Frau in einem Amt wird jubelnd gefeiert. Sobald es aber wieder an die Stellenbesetzung im gleichen Umfeld geht, wirkt der *Token*-Status wie ein Limes der Frauenbeteiligung: »Wir haben ja schon eine Frau im Kirchenkreis«, heißt es dann. Als müsse die Entwöhnung von der jahrhundertelangen Männermonokultur in einem ebenso lange währenden Prozess geschehen.

Der Wirkmechanismus der gleichgeschlechtlichen Personalauswahl tut sein Übriges. Männer wählen lieber Männer, besonders auf höher dotierte Stellen in Kirche und Diakonie. Weiter heißt es gern und achselzuckend unter großem Bedauern: Wir haben keine qualifizierte Frau gefunden. Die Position scheint zu kostbar und zu verantwortungsvoll, als sie einer Frau zu übertragen, die bisher nur halbtags gearbeitet hat, weniger Berufserfahrung hat, weil sie ihre Kinder einige Jahre großgezogen hat. Gleichstellungsbeauftragte mühen sich seit mehr als einem Jahrzehnt, solche versteckten Starthindernisse sichtbar zu machen.

Allerdings – wie Männer an Führungsämter kommen, ist ebenso schwer zu sagen. Denn in der Kirche darf auch der Mann nicht nach Ämtern streben. Das Modell vom »Leitungsdienen« und der nebulöse Leistungsbegriff bringen Männer wie Frauen in eine vertrackte Situation.

Wenn ich selbst gefragt werde, wie und warum ich Generalsekretärin des Kirchentages geworden bin, antworte ich zuerst: »Ich bin gefragt worden.« Das stimmt auch nach Prüfung der Sachlage, denn in der Tat hatte mich der damalige Kirchentagspräsident, Reinhard Höppner, gefragt. Aber dass ich Ja gesagt habe, war natürlich meine Entscheidung. Doch instinktiv stelle ich den Wahlvorgang als passives Geschehen dar und spiele meine aktive Rolle darin herunter.

Das ist ein Klassiker in der Kirche. Nicht nur unter Frauen. Denn in der Kirche verfehlen auch Männer Führungspositionen, wenn sie zu laut sagen, welches Amt sie anstreben. Bei der spektakulären Wahl eines Ratsvorsitzenden am Ende des letzten Jahrhunderts hatte sich der weit und breit bestqualifizierteste Bewerber – Wolfgang Huber – schlicht zu weit aus dem Fenster gelehnt und seine Ambitionen auf das Amt zu stark mit seiner Leistung und seinem Willen zur Gestaltung der Position in Verbindung gebracht. Er wurde nicht gewählt. Jedenfalls nicht zu diesem Zeitpunkt. Zwei Wahlperioden später, als der Stellvertreter von Margot Käßmann das Amt nach ihrem Rücktritt übernehmen sollte und wollte, fühlte sich Nikolaus Schneider im Interview mit der *Süddeutschen Zeitung* zu einer deutlichen Verlautbarung verpflichtet: »Ich habe keine Karrierepläne.« Er wurde gewählt. (Matthias Drobinski, SZ, 26.2.2010) Ein Dementi, dass der eigene Kopf zum Fenster hinausgehalten wird, gehört in der Kirche einfach zum guten Ton. Auch Margot Käßmann hatte vor ihrer Wahl in den Ratsvorsitz 2009 alles richtig gemacht. Mantra-artig beteuerte sie in den Monaten zuvor, sie strebe das Amt nicht an.

Wie empfehlen sich Kandidaten in einer Organisation, die hierarchische Traditionen und Strukturen hat, in der aber viele Ämter durch ein unberechenbares Wahlvolk besetzt werden? Wenn leitende Kirchenmänner sich selbst für wichtige Ämter empfehlen, dann sind eine Ehefrau und drei bis vier Kinder die wichtigste Visitenkarte. Unter dieser Kinderzahl, so scheint es, braucht kein Mann einen Gedanken an eine leitende Position in der evangelischen Kirche zu verschwenden. Was soll mit der Kinderzahl zum Ausdruck kommen? Sagt der Mann: »Seht her, ich bin multitasking-erfahren, ich habe drei Kinder gewickelt, zur Schule gebracht und zum Sportverein gefahren, wenn ich gerade nicht im Dienst war«? Mitnichten. Die wenigsten Kirchenmänner sind mit leitenden Angestellten verheiratet, die von ihrem Partner einen hohen Anteil an Verantwortung in Familiendingen erwarten. Die häufigsten Berufsgruppen unter den Ehefrauen der Kirchenmänner dürften Religionslehrerinnen und Hausfrauen sein. Wenn aber die Kinderzahl kein Ausweis für bestimmte Fähigkeiten ist, liegt nahe, dass sie einzig als Symbol der Virilität fungiert. Mit Männlichkeit, frei nach Psalm 127,4, empfehlen sich Männer für Führungsämter. Hinzu kommt die Aufladung durch eine jahrhundertealte christliche Familienethik, unterstützt von der Tradition des evangelischen Pfarrhauses, dessen Hochschätzung gerade wieder eine Renaissance erfährt. Virilität ist die Ersatzempfehlung für die tabuisierte Leistungsschau.

Und was hat die ambitionierte Kirchenfrau zu bieten? Ihr Muttersein ist jedenfalls nichts, mit dem sie auftrumpfen könnte. Ich muss nicht einmal das Klagelied von der kinderlosen Akademikerin anstimmen. Es genügt, auf die Selbstauskünfte von Führungsfrauen zu hören. Frauenbilder – Kirchenbilder – Selbstbilder: Oberkirchenrätinnen und stellvertretende Bischöfinnen beschreiben sich selbst gern als Vatertöchter. Der Vater gab das Lebensmodell für die spätere ehrgeizige Berufstätigkeit ab. Das verwundert nicht im Land mit der Tradition des arbeitslosen Muttermodells, Markenzeichen der alten Bundesrepublik. Wer aus der DDR kommt, so wie ich, ist eher Elterntochter. Beide Eltern gingen morgens aus dem Haus, mein Vater klappte die Wohnungstür hinter sich zu, wenn ich aufstand, und wenn ich eine halbe Stunde später in Richtung Schule aufbrach, kamen Bruder und Mutter in die Küche, um ebenso zügig das Haus zu verlassen mit den Zielen Schule und Charité. Zwischen 5 und 6 Uhr abends sahen wir uns wieder. Jeder verbrachte die Zwischenzeit damit, den sozialistischen Alltag zu bewältigen. Ich idealisiere das nicht, ich beschreibe nur, wie es war. Anderes kannte ich als Kind nicht. Die Pfarrerin im Nachbardorf, die mir in meiner spätpubertären Berufskrise eine wichtige Strecke lang zur Lebensbegleiterin wurde, war mit voller Stelle und zwei adoptierten Kindern zu 150 Prozent eingespannt. Die Ehefrau vom Pfarrer war Ärztin – gefühlt eine der häufigsten pfarramtlichen Berufskombinationen in der DDR. Die Freundinnen meiner Mutter waren voll berufstätige Biologinnen, Medizinerinnen, Pfarrerinnen, viele hatten Kinder, eine war lesbisch, und wenige hatten Karriere an der Universität gemacht. Die Lebensoption, mit Kindern zu Hause zu bleiben, gab es eigentlich nicht, und sie irritiert mich bis heute. Klar fluchten die Frauen über ihre Doppelbelastung und die politische Rotlichtbestrahlung der Kinder in den staatlichen Drillschulen. Das Patriarchat wurde von kommunistischen und christlichen Ehemännern und Vorgesetzten jenseits aller Ideologie fröhlich gelebt. Die wenigen Pfarrerskinder, die eine Mutter im Haus, am Herd und in der Gemeinde hatten, bildeten die bestaunte Ausnahme von der Regel.

Anders als in der Bundesrepublik war die Lebensperspektive Beruf und Familie in der DDR abgekoppelt von der Frage nach dem richtigen Mann. Beruf und Familie würden gewiss kommen, ob der richtige Partner dazu kam, blieb ungewiss und hatte mit dem ersten nur bedingt etwas zu tun. In christlichen Kreisen wurde natürlich der Wertekanon von Ehe und Familie hochgehalten, aber das gesellschaftliche Klima sickerte auch in die kleine Welt der Kirche. Wohin, das frage ich mich heute, stecken berufstätige Mütter das Rollenbild ihrer eigenen, häuslichen Mutter, die nicht berufstätig war? Sitzt die Mutter in einem Winkel des Herzens, in dem die Kindheit schlummert? Oder hockt sie in einer Ecke des Kopfes, wo sie als pochendes Gewissen etwas von Rabenmutter und schlechter Ehefrau flüstert?

Ich kenne dieses Problem nicht, obwohl ich Mutterschaft und einen fordernden Beruf unter einen Hut bekommen muss. Aber ich sehe meine eigene Freundin im Süden Deutschlands, wie sie sich an den Kindern freut, aber an ihrer Häuslichkeit leidet.

Dabei hätte das Muttermodell viel für sich, um Führungsaufgaben zu beschreiben: Schließlich ist es nicht die Aufgabe der Mutter zu warten, bis das Kind gefüttert werden muss. Ziel ist es, dass es so selbstständig wird, sich allein etwas zu essen zu beschaffen. Freiräume gewähren und vergrößern, auffangen, wenn etwas schiefläuft. Den Umbau des präfrontalen Kortex Pubertierender zu ahnen und gleichzeitig zu wissen: Das Kind arbeitet sich an mir ab, nicht ich mich an ihm.

Mentorinnen, Netzwerke und falsche Fährten

Wer in einer Organisation einen Leitungsposten beziehen möchte, braucht Förderer. Bis in meine Generation hinein gibt es kaum fördernde Frauen. Ich hatte Chefs: Professoren, Akademiedirektoren, die meine Arbeit schätzten und mir mehr zutrauten als ich mir selbst. Aber immer bin ich einen anderen Weg gegangen, als sich meine Förderer vorstellten. Das Abenteuer, in einer Gesellschaft in den Beruf einzusteigen, in der andere Regeln galten als die, die ich von meinen Eltern kannte, war aufregend genug. Zeit für die gezielte Karriereplanung blieb mir nicht, und ich hätte auch gar nicht gewusst, wie das anzustellen wäre. Das Staunen über die Vielzahl der Möglichkeiten war größer als der Willen, ein bestimmtes Ziel anzupeilen. Allerdings – Angefangenes wollte ich zu Ende bringen. Kurz nach meinem Dienstantritt als wissenschaftliche Mitarbeiterin an der Uni Marburg wurde ich schwanger – die Augenbrauen meines Chefs gingen in die Höhe, aber er akzeptierte es, und ich blieb am Ball. Die Doktorarbeit ist in den ersten zwei Lebensjahren meiner wunderbaren Tochter fertig geworden. Die Uni verließ ich mit dem gar nicht so ironischen Argument, ich wolle jetzt auch einmal eine Sekretärin haben. An Macht dachte ich damals nicht, aber an Handlungsspielräume. Wer jede Briefmarke selbst aufkleben muss, hat einfach weniger Zeit für die kniffligeren Dinge des Lebens, davon war ich überzeugt. Die evangelische Akademie Loccum verließ ich mit der Verlockung, beim Kirchentag ein größeres Feld bestellen zu können. Bis dahin war ich an den Herausforderungen gewachsen, warum sollte es diesmal anders sein?

Die Beratungsliteratur ist heute voll von Tipps, wie Frauen in Führungspositionen kommen und – fast noch wichtiger – wie sie darin bleiben. Die eigene mentale Landschaft der tatsächlichen anzupassen, ist eine der Kernstrategien. In dieser Hinsicht haben Frauen leider ein großes Talent, sich selbst zu behindern.

Das verdienstvolle, 2008 erschienene Kompendium »Feministische Theologie. Initiativen, Kirchen, Universitäten – eine Erfolgsgeschichte« ist meines Erachtens ein gutes Beispiel für ein falsches mentales Modell. Von einer Erfolgsgeschichte kann schon deswegen keine Rede sein, weil kaum jemand mit dem offenen Bekenntnis zum Feminismus auf eine Führungsposition in Kirche oder Universität kommt. Auch der Jo-Jo-Effekt spricht gegen die These von der Erfolgsgeschichte: Zunächst scheint es so, als sei eine Frau in einer Führungsposition der Kirche heute *politically correct*. Die Institution gibt sich den Anstrich, in der Moderne angekommen zu sein: »Bitte sehr, Geschlechterverhältnis geklärt.« Doch wenn die Führungsfrau den Erwartungen nicht entspricht oder Fehler macht, ob aus falscher Lageeinschätzung oder Beratungsresistenz, wird sie zwar auf der Sachebene attackiert. Aber hinter vorgehaltener Hand heißt es dann, sie sei überfordert oder eine Fehlbesetzung, und klammheimlich wird die Konsequenz gezogen: nächstes Mal lieber keine Frau!

Beispiele für den Jo-Jo-Effekt: Margot Käßmanns Nachfolger im Bischofsamt in Hannover ist ein Mann. Der Lehrstuhl der feministischen Neutestamentlerin Luise Schottroff in Kassel wurde nach ihrer Pensionierung aufgelöst. Nach dem Ausstieg von Cornelia Coenen-Marx aus der Leitung der traditionsreichen Kaiserswerther Diakonie übernahm – selbstverständlich – ein Mann.

Das Wenigste von dem, was Frauen in der Führung richtig oder falsch machen, hat etwas mit ihrem Geschlecht zu tun. Es ist der *Token*-Effekt, das hohe Maß an Sichtbarkeit der einzelnen Frau, der alle Fehler zu Frauenfehlern macht. Statistisch gesehen wird die Sache noch brisanter: Wenn zwei Frauen amtieren und eine davon Fehler macht, liegt die Quote bei 50 Prozent. In der Welt der sozialwissenschaftlichen Studien heißt das dann: 50 Prozent der Frauen in Führungsämtern scheitern. Das klingt absurd, ist aber Realität, wenn eine Männerstudie den Rückgang der Akzeptanz von Frauen in kirchlichen Führungsämtern prozentual diagnostiziert. Journalisten greifen das gern auf und mutmaßen dann, die Kirchenmitglieder neigten zum Konservatismus. Auf diese Frechheiten antworte ich mit Winston Churchill: »Ich glaube nur der Statistik, die ich selbst gefälscht habe.«

Da es in den vergangenen Jahrzehnten nie mehr als drei Bischöfinnen gleichzeitig gegeben hat, sind Antworten auf die Akzeptanzfrage eher Geschmacksurteile über einzelne Frauen als Urteile über deren Führungsfähigkeiten. Frauen müssen sich genauso wie Männer eine realistische mentale Landkarte zeichnen und unbedingt eintragen, dass sie nur bedingt »ihres eigenen Glückes Schmied« sind, das gilt auch für die, mal mehr mal weniger erfolgreiche, Institutionalisierung feministisch-theologischer Anliegen. (Edding, 2009, 167)

Die scheinbar einzige Institution, die keinen Jo-Jo-Effekt kennt, ist der Kirchentag. Das Amt der Generalsekretärin scheint die große Ausnahme des Protestantismus zu sein. Wie es sich anfühlt, die dritte Frau in Folge in einem Führungsamt zu sein? Gut natürlich – und unaufgeregt. Die Mitarbeiter, die mehrere Chefinnen überdauert haben, empfinden die Frauenführung als normal. Entscheidungen, die ich treffe, werden akzeptiert und umgesetzt. Ich mag Mitarbeiterinnen und Mitarbeiter, die loyal und eigenständig zugleich arbeiten. Von Abmahnungen am Fließband halte ich nichts, ebenso wenig vom Festhalten an Fehlentscheidungen. Ich passe Entscheidungen an eine veränderte Lage an, wenn die Argumente plausibel erscheinen. So kann es schon passieren, dass ein Rundschreiben mit Arbeitszeitregelungen am nächsten Tag noch einmal hinausgeht, weil die besondere Situation einer Kollegin darin nicht berücksichtigt war. Die Tür zu meinem Büro steht offen. Jede kann jederzeit eintreten und mit mir etwas besprechen. Mit meinen engsten Mitarbeiterinnen geht es oft laut und lustig zu. Zwischen drei Büros wird hin- und hergewuselt, werden Mappen getauscht, Beratungsphasen eingeschoben, telefoniert und Aufregungen besprochen – ein *Girls-Camp*, Männer willkommen. Ich kann nicht arbeiten ohne eine minimale Vorstellung davon zu haben, wie es meinen Mitarbeiterinnen persönlich geht. Wer in einer tiefen persönlichen Krise steckt, hat ein anderes Leistungsvolumen als ein frisch Verliebter oder ein Mensch in stabilen Lebensverhältnissen. »Männer haben das Bedürfnis, sich abzugrenzen, am liebsten nach unten. Frauen hingegen sehen sich im Geflecht sozialer Beziehungen«, schrieb die Journalistin Bettina Wündrich am 6./7. August 2011 in der *Süddeutschen Zeitung*. Was mich angeht, stimmt ihre These.

Von Definitionsmacht, Mut und Selbstüberwindung

Eine der vorrangigen Führungsstrategien ist, vor anderen und für andere die Wirklichkeit zu definieren. Egal ob die Definition stimmt oder nicht – die anderen müssen sich damit auseinandersetzen. Das kann eine Statistik, ein Projektvorschlag oder, wie es so schön heißt, ein *Agenda-Setting*, das Bestimmen der Tagesordnung einer Sitzung sein.

Wer Führung übernimmt, muss proaktiv sein, Setzungen vornehmen, sonst wird er oder sie bald von der Wirklichkeit überrollt. Aber – und das ist die schwerer zu erkennende Seite der Sache – es ist auch Vorsicht geboten vor anderen Wirklichkeitsdefinierern.

Frauen neigen wegen ihrer Hochschätzung von Sachkompetenz besonders gern dazu, die Definition für die Wirklichkeit zu halten. Ein Beispiel: Obwohl kein Mensch seriös sagen kann, wie die Kirche, ihre personelle und finanzielle Ausstattung, in 30 Jahren aussehen wird, werden solche »Vorhersagen« im Nachrichtenformat verbreitet. Da geht es allerdings nicht um die Zukunft, sondern darum, mit diesen Zahlen heute eine Wirklichkeit zu definieren, die so, aber auch ganz anders gesehen und kirchenpolitisch bearbeitet werden könnte.

Gesundes Misstrauen ist darum das Salz, das jede braucht, die eine Suppe voller Verantwortung löffelt. Ich hätte für diesen Satz gut und gern auf die Lektionen in der Diktatur verzichtet. Aber den Unterschied zwischen der Wirklichkeit und ihrer Definition zu erkennen war in der DDR eine Zwangslektion. Die definierte Wirklichkeit der kommunistischen Führung, das sah jeder, entsprach nicht den alltäglichen Erfahrungen. Also lernten wir, unsere Wirklichkeit selbst zu beschreiben und das manchmal auch laut zu sagen.

Dazu gehörten Mut und Selbstüberwindung. Mut, mit dem eigenen Kopf gegen den Mainstream zu denken, und noch mehr Mut, laut zu sagen, dass das Evangelium nicht den Status eines Märchens hat. Es kostete Selbstüberwindung, immer die zu sein, die anders denkt, die anderes tut, es war Selbstüberwindung, nicht dazuzugehören – zu den richtig guten Pionieren, zu den geliebten Schülern, zu den angesagten Mädchen, zur Klassengemeinschaft. Ich gehörte nicht dazu, ich war anders, alles an mir war komisch, nicht nur mein wöchentlicher Christenlehre-Besuch. Das alles war eine – im wahren Sinn des Wortes – harte Schule, die nicht spurlos blieb. Zurückgestoßen und abgestempelt zu sein, nicht das studieren zu dürfen, was ich wollte – es hat viele Jahre gedauert, diese Erfahrungen zu einem positiven Kapital umzubauen; Mut und Selbstüberwindung, sich nicht einschüchtern lassen von den Wirklichkeitsdefinierern der heutigen Tage, lieber selbst die Koordinaten auf der mentalen Landkarte festzulegen – das ist im Abstand von über 20 Jahren die nützliche Lektion.

Hemd und Rock, oder:
Warum soll ich mir das antun?

Karriere, was ist das eigentlich in der Kirche? Wozu all diese Strategien? Karriere, das sind Bischöfinnen, Oberkirchenrätinnen, das sind Positionen, von denen aus der Kurs der Kirche bestimmt werden kann, Orte, an denen über Personal und Finanzen entschieden wird. Nun sagen aber die Pfarrerbefragungen aus verschiedenen Landeskirchen übereinstimmend, dass die wenigsten Pfarrberufler den Kursvorgaben der Leitungsebene ihrer Kirche Bedeutung beimessen. Bei den unmittelbaren Führungskräften vermissen sie Planungs- und Organisationskompetenz, Konfliktfähigkeit und Durchsetzungsvermögen. (Magaard/Nethöfel, 2011, 59; Institut Ethik, 2005, 29) Pfarrerinnen bemängeln häufig mangelnde Loyalität der Leitungsfiguren gegenüber den Mitarbeitenden.

Was oder wen leiten die Leitenden dann eigentlich? Unendliche Aufenthalte auf Konventen, Konferenzen und Sitzungen scheinen zu kreißen – und die Maus der Selbstbestätigung zu gebären. Frauen neigen dazu, Sein und Sollen genau abzuwägen. Und ja, die erste Frage ist: Was habe ich davon, wenn ich mir das antue? Selbstbestätigung durch hohes Ranking in der Kirchenhierarchie rangiert auf ihrer inneren Skala weit hinter einem funktionierenden Familien- oder einfach Privatleben und einem erfüllenden Beruf. Was lockt Frauen in Führungsämter? Wenn die nur um den Preis der Familienzerrüttung zu haben sind, sagen auch die Begabten einfach »Nein danke«. Sie machen sich ihre eigenen Gedanken um die Entfremdung Margot Käßmanns von ihrem Ehemann. Das Hemd des glückenden Privatlebens ist vielen näher als der Rock der öffentlichen Karriere.

Es ist das über 200 Jahre eingeübte Gefühl der Nichtzuständigkeit für die öffentlichen kirchlichen Angelegenheiten, das Frauen dazu bringt, Führung Führung sein zu lassen. Beziehung rangiert vor Bedeutung. Und dann kommt der listige Einwand, ob nicht die subversive Kraft der Frauen, Kirche durch allgegenwärtige Präsenz zu verändern, in den vergangenen 200 Jahren auch ohne Führungsposten gut funktioniert habe? Ja, sie hat funktioniert, aber nicht gut.

Deshalb müssen Frauen sich das antun, das mit den Führungspositionen. Es geht nicht an, zu Tausenden in das Pfarramt einzurücken, aber sich über Führungskultur keine Gedanken zu machen. Denn schließlich geht es um die Qualität der kirchlichen Arbeit. Wenn es wahr ist, dass Frauen immer besser sein müssen, mehr formale Qualifikation und reale Qualität aufweisen müssen, dann bitte schön! Der Kirche wird es nur zugutekommen.

Als in der Berliner Theologischen Fakultät die Aufregung um die professoralen Entgleisungen von Herrn Graf groß war, brandete unter den Studentinnen Jubel auf, als die Zahlen genannt wurden. Ja, es gibt mehr Theologie studierende Frauen als Männer. Das ist schön, reicht aber nicht. Inzwischen sollten sich Frauen von der Freude daran, dass es mehr von ihnen in der Theologie gibt, weiterentwickeln. Der Streit um das Pfarramt täuscht darüber hinweg, dass es längst nicht mehr um Zahlen geht. Die Aufmerksamkeit muss vom Kampf um Quantität zum Kampf um Qualität werden – davon haben Männer und Frauen etwas.

In Selbstzweifel bin ich gut: trotzdem Führen lernen

Führung ist erlernbar. Das ist die Grundannahme aller Ratgeberliteratur, aber auch all der Mentoring- und Beratungsangebote, die Pfarrerinnen und Pfarrern in den Landeskirchen mehr und mehr angeboten werden. Welches das größere Hindernis für Frauen ist, Führungspositionen zu erklimmen, ist nicht ausgemacht: Sind es die männerbündischen Strukturen, die entmutigende Langzeitwirkung entfalten, oder sind es doch eher die Selbstzweifel?

Der Marsch durch die Institutionen, die Veränderung intransparenter Verfahren, die Aufdeckung besoldungstechnischer Benachteiligung – all das ist ein langer Prozess, auf dessen Ende keine Frau warten kann. Daran muss aktiv weitergearbeitet werden – und zwar unter Beteiligung von Frauen.

Mit gleicher Energie muss der Wandel in den Köpfen beschleunigt werden. Und zwar nicht nur in den Köpfen von Männern, sondern auch in Frauenköpfen. Chancen, die sich bieten, auch zu ergreifen, ist eine Tugend, die sich Frauen noch erschließen müssen. So richtig es einerseits ist, genau abzuwägen zwischen den eigenen Ansprüchen an die Betreuung der Kinder, an die eigene Zeiteinteilung, so ist es andererseits wichtig, Verantwortung im rechten Moment auch zu übernehmen.

Die Maxime der Selbstverwirklichung als Lebensziel, die von der zweiten Frauenbewegung propagiert wurde, brachte neben der Befreiung von heteronomen Ansprüchen auch ein Gefühl der Nichtzuständigkeit für öffentliche Positionen. Mit jeder Position jedoch, die ein Mehr an Verantwortung mit sich bringt, schwindet ein Stück der Selbstbestimmung über die eigenen zeitlichen Ressourcen. Nicht immer wird dieses Defizit entsprechend finanziell ausgeglichen und nicht immer ist das Finanzielle das Attraktivste.

Wenn Maria Furtwängler, eine der erfolgreichsten deutschen Schauspielerinnen, lachend von sich sagt: »In Selbstzweifel bin ich gut«, dann ist das nicht nur Koketterie, sondern eine Strategie, mit den eigenen Unsicherheiten fertig zu werden.

Selbstzweifel, die mit tiefsitzenden Ängsten einherge-
hen, rauben Frauen die Energie. »Wir wissen, dass Frauen
Führungskompetenz nicht in den Schoß ihrer Sozialisation
gelegt wurde«, sagt Gudrun Janowski. (Janowski, 2004, 88)
Die Angst, »andere zu verletzen, Angst vor Liebesverlust,
Angst, alleine zu stehen und das Aufgehobensein in der
Gruppe zu verlieren«, lassen Frauen zurückschrecken vor
Positionen, in denen Eine die Entscheidungen treffen muss.
Keine Frau kann beschließen, von heute auf morgen diese
Ängste nicht mehr zu haben.

200 Jahre Lernerfahrung in pflegerischen, erzieherischen
und helfenden Berufen lassen sich nicht in einer teuren
Coaching-Stunde wegtherapieren, schon gar nicht in einem Umfeld, in dem, wie die Arbeitsmarktforscherin Jutta
Allmendiger sagt, die Talente nicht berufstätiger Frauen
verschwendet werden. (Allmendinger, 2010) Dass es gerade diese Frauen sind, die Kirche im Alltag lebendig halten, macht die Sache für Pfarrerinnen nicht leichter. Das
Frauenbild der Romantik von »Aufopferung, Zärtlichkeit,
Einfühlungsvermögen« wird heute noch millionenfach ins-
zeniert. Nicht nur Frauen, auch Männer sind in dieses Rollenbild eingezwängt, ihnen wird »Durchsetzungsvermögen, Überzeugungskraft, geistige oder körperliche Stärke«
zugeschrieben. Die biblisch gut begründeten Selbstbilder
vom Missionar und Hirten verstärken die romantischen
Bilder und erschweren den Wandel im kirchlichen Männer-
kopf.

Weibliche Selbstzweifel lassen sich unter diesen Bedingungen nicht mit einem Lachen hinwegwischen. Selbstzweifel können die Flucht nach hinten sein, müssen es aber
nicht. Denn Führung kann frau lernen, in einem Prozess,
der Mut und Selbstüberwindung kostet.

Das Fazit ist unbequem. Denn wenn Führung ein Lern-
prozess ist, dann sind viele Frauen möglicherweise schlicht
lernfaul. Ein Unterschied zu den Männern besteht darin

nicht, die Mehrheit der Männer ist ebenso lernfaul, was den Bereich Erziehung und Pflege angeht. Doch erst wenn wir akzeptieren, dass Frauen anders führen und Männer anders Hausarbeit machen und beide sich Mühe geben, kann es doch noch etwas werden mit der vielgepriesenen Gemeinschaft von Männern und Frauen in der Kirche.

5. Familie – war da noch was?

Der verflixte Mutterkult

Nun ist auch Margot Käßmann in die Falle getappt: »Ich bin nicht immer eine gute Mutter gewesen«, verriet sie der *Emotion*, einer jener Frauenzeitschriften, in denen sie seit ihrem Rücktritt öfter zu sehen war. Das ist ein Satz wie vorgeworfen zum Fraß für die Hyänen, die jahrelang darauf gewartet haben, dass sie endlich zugibt: Karrierefrauen schaden ihren Kindern. Schon 2006 hatte die *Frau im Spiegel*-Kolumnistin Brigitte Ehrenberg einen »neuen Mutterkult« ausgemacht und dagegen angeschrieben: »Es ist höchste Zeit, das Bild der allseits glücklichen und patenten Hausfrauen-Mutti wieder in die Mottenkiste zu verbannen. Die Frauenbewegung hat es mit gutem Grund bekämpft. Frauen sind in einem solchen Leben verkümmert. Plötzlich ist das antiquierte Lebensmodell wieder da.« (Ehrenberg, 2006, 23)

Das Wort »antiquiert« ist in der Frauenliteratur ein Codewort für die Geschlechterordnung der 1950er Jahre, als Psychologie, Soziologie und Kinderheilkunde vereint nachweisen wollten, wie schädlich die Erwerbstätigkeit von Müttern ist. Die bald widerlegten wissenschaftlichen Thesen wirken nach wie ein längst verbotenes Gift, das bis heute ausströmt – und das besonders in den Kernkreisen der evangelischen Kirche, die laut Mitgliedschaftsstudien überdurchschnittlich häufig einen »konservativ gehobenen Lebensstil« pflegen. Laut Umfragen von 2003 sagen 45 Prozent der kirchlich eng verbundenen Evangelischen, dass es für alle Beteiligten besser sei, wenn »der Mann voll im Berufsleben steht und die Frau zu Hause bleibt und sich um den Haushalt und die Kinder kümmert«. (KMU, 58)

Oha. Richtet sich die Botschaft Käßmanns in der *Emotion* von der nicht so guten Mutterschaft an diese Kreise? An Frauen, die ihr Leben lang nicht in den Beruf zurück- und sich abgefunden haben? An Frauen, die nun erleben müssen, wie ihr Lebensmodell langsam auf das Abstellgleis kommt?

Schimmert durch diesen Satz eine unscharfe Sehnsucht hindurch, dass in Zeiten von Patchworkfamilie und Lebensformvielfalt wenigstens die Kirche noch der Ort sein sollte, wo an traditionellen Familienbildern festgehalten wird?

Aber welche Tradition ist eigentlich gemeint? Familie ist seit Jahrzehnten ein Codewort politischer Interessenkonflikte. Für die Konservativen die Keimzelle des Staates, die Basis der Gesellschaft, für linke Feministinnen Zwangsveranstaltung und Institution zur Unterdrückung der Frau. Den einen sind die Mutter am Herd und die Kinder am Mittagstisch daheim heilig, die anderen erblicken darin die Quelle allen Unheils, die die Blutspur nationalkonservativer und nationalsozialistischer Eugenik hinter sich her zu ziehen schien. Als in den 1970er und 1980er Jahren eine »Krise der Familie« diagnostiziert wurde, frohlockten alle, die an der Emanzipationsfront arbeiteten. Das Wanken der Familie hieß zugleich die Befreiung der Frau aus ökonomischen Abhängigkeiten und sozialen Zwängen. Das konservative Frauentrio – Kinder, Küche, Kirche – löste sich auf.

Heute ist undenkbar, was eine Bewerberin auf eine kirchliche Stelle 1989 noch berichtete. Sie wurde gefragt, warum sie überhaupt arbeiten wolle, wo sie doch zwei Kinder habe. (Wolf/Bärend, 1989, 25)

Dass eine solche Frage heute nicht mehr laut gestellt werden darf, ist ein großer Erfolg der Emanzipationsbewegung. Inzwischen aber ist eine Situation eingetreten, in der sich keines der drei Attribute im Leben von jungen Frauen noch selbst versteht. Keine Kirche, keine Küche, keine Kinder. Galt es für aufgeweckte Mädchen bis in die 1980er hinein, sich aus den Zwängen dieses Trios zu befreien, muss jede Frau heute so frei sein, sich hinzuzuwählen, was zu ihrem Leben passt. Vielen Missionsstrategen ist bisher nicht aufgefallen, dass Frauen, denen der Wind des Geschlechterkampfs um die Ohren pfiff, Kirche zuerst abgewählt haben. Der Anteil des »konservativ-gehobenen« Lebensstilmilieus mit ihrer Frau-daheim-Überzeugung mag unter den treuen Kirchgängerinnen hoch sein, ihr Anteil an der Gesamtgesellschaft sinkt.

Wie Käßmanns Botschaft von der nicht so guten Mutter für die älteren Kirchenfrauen erkennbar Sinn macht, so kontraproduktiv ist sie für junge Frauen, an denen die widersprüchlichsten Anforderungen zerren: Werde Vorstandschefin einer großen diakonischen Einrichtung, sei glückliche Ehefrau, habe zwei Kinder mindestens! Das Megathema der Vereinbarkeit von Beruf und Familie hat die Emanzipation längst abgelöst. Es ist ein Minenfeld, aufgeladen mit individuellen Überzeugungen, institutionellen Regeln und kulturellen Leitbildern.

»Verschenkte Potenziale« – Hausarbeit und Ehrenamt

Wie es in Deutschland um diese Vereinbarkeit steht, hat die Sozialforscherin Jutta Allmendinger mit Fakten belegt: 5,6 Millionen Frauen unter 60 sind in Deutschland nicht erwerbstätig, aber auch nicht arbeitssuchend. Die Lebensläufe dieser, wie Allmendinger sie nennt, »verschenkten Potenziale« sind vielfältig. Mütterbiografien sind Ergebnisse individueller Lebensentscheidungen. Tief im Hintergrund reden die ererbten Mutterbilder mit, während im Vordergrund die

Macht des Faktischen regiert – der gute Job des Kindsvaters, das neue Haus und nicht zuletzt die steuerliche Bevorzugung der Einverdiener-Ehe in Deutschland.

Von diesen Frauen, die etwa ein Viertel der weiblichen Bevölkerung in der Altersspanne zwischen 25 und 60 ausmachen, sind laut Allmendinger 1,8 Millionen ehrenamtlich engagiert, vor allem die höher Gebildeten. 36 Prozent von ihnen haben Abitur oder ein Hochschulzeugnis in der Tasche.

Ehrenamtliches Engagement kann vieles heißen, auch in der Kirche. Allmendinger unterscheidet drei Gruppen. Die erste Gruppe organisiert Schulfeste und – so ergänze ich – Gemeindefeste. 58 Prozent der engagierten Frauen sind dort zu finden, wo Kuchen gebacken, kalte Platten und Luftballons organisiert werden.

Die zweite Gruppe übernimmt Anspruchsvolleres, kann Fachwissen anwenden und Führungsqualitäten zeigen. Ein verantwortliches Ehrenamt in der Helferszene des Kirchentags zum Beispiel fordert Einsatzbereitschaft und Organisationstalent. In diesen Funktionen sind nur 15 Prozent der ehrenamtlichen Frauen unterwegs.

Eine dritte Gruppe sind Frauen, die sich hohe psychische und physische Anstrengungen zumuten. Die große Zahl der ehrenamtlichen Hospizbetreuerinnen gehört dazu, aber auch Telefonseelsorgerinnen und Behindertengruppen-Betreuerinnen. Dort engagieren sich 27 Prozent der nicht erwerbstätigen Frauen. (Allmendinger, 2010, 83ff.)

Hier sind sie also mit ihren individuellen Biografien zu finden – Frauen, die mit ihrem ehrenamtlichen Engagement das Rückgrat kirchlicher Arbeit bilden. Viele von denen, die Gemeindefeste organisieren, in Kirchgemeinderäten sitzen oder Kindergottesdienste halten, gehen keiner Erwerbsarbeit nach und haben seit den Geburten ihrer Kinder nicht mehr gearbeitet. Ehrenamtlich engagierte Frauen halten das dichte Geflecht nicht nur unserer Kirchen, sondern auch der funktionierenden Zivilgesellschaft zusammen.

Ist die evangelische Kirche deshalb so zurückhaltend, wenn es um die Vereinbarkeit von Familie und Beruf geht? Fürchtet sie die volle Wahlfreiheit, weil sich Frauen dann, wie zum Beispiel in Finnland, problemlos auch für eine Vollzeitstelle entscheiden könnten? Niemand weiß, wie sich eine so ausgedehnte Ehrenamtskultur, die sich zu 70 Prozent auf das weibliche Geschlecht stützt, unter den Bedingungen der Vollerwerbstätigkeit von Frauen und Männern verändern würde.

Übrigens hat Jutta Allmendinger einen interessanten Ost-West-Unterschied ausgemacht: Westfrauen lassen sich für ehrenamtliche Aufgaben »entdecken«. Sie werden gefragt und gebeten. Frauen im Osten ergreifen eher selbst die Initiative.

Ist das ein Indiz dafür, dass Ehrenamt als Ersatzberuf ausgeübt wird? Die höhere Selbstverständlichkeit von Erwerbsarbeit im Osten könnte erklären, warum Frauen dort von selbst aktiv werden.

Was heißt das für die Kirche? In jedem Fall heißt es, ehrenamtliches Engagement von Frauen nicht zwischen Tupperdosen und Papiertischdecken versickern zu lassen, sondern das große, kreative Potenzial von hochgebildeten Bundesbürgerinnen ehrenamtlich zu nutzen und nach Übergängen in die Erwerbsarbeit Ausschau zu halten.

Freiheit oder Familie? –
Von falschen Alternativen

In die individuellen Lebensentscheidungen können sich weder Staat noch Kirche einmischen. Dennoch mangelt es nicht an Aufrufen und Vorschlägen von allen Seiten, wie diese zu treffen seien. Bascha Mika, ehemalige *taz*-Chefredakteurin, beschimpft in ihrem jüngsten Buch »Die Feigheit der Frauen« (2011) mehr als 5 Millionen Frauen. Sie machten es sich bequem in der Komfortzone der Eigentums-Altbauwohnung in Berlin-Prenzlauer Berg, im Münchener Glockenbachviertel oder in Hamburg-Eppendorf, um sich den rosa Kinderzimmern ihrer Brut zu widmen und vormittags Latte Macchiato im Café um die Ecke zu schlürfen. »Das Sein ist das Versorgtsein. Daran gibt es überhaupt keinen Zweifel, wenn man sich die Macchiato-Mütter ansieht«, befindet Mika und zitiert die ostdeutsche Popband Silbermond: »Gib mir 'n kleines bisschen Sicherheit in einer Welt, in der nichts sicher scheint.« Nach Mikas Analyse scheuen Frauen den rauen Wind der Arbeitswelt und lassen sich lieber von ihren Männern finanzieren: »Ein Frauenleben auf Pump, für das er bar und sie mit Lebenszeit und Eigenständigkeit bezahlt, gibt es in der Standard-, der gehobenen und der Luxusausführung.« (Mika, 2011, 175f.)

Mika hat gründlich recherchiert, auch Jutta Allmendinger befragt. Und sie hat recht, dass das Familienmodell der 1950er Jahre heute millionenfach in modernem Design gelebt wird. Ihre Polemik verträgt aber keine Differenzierung. Wie viele Frauen durch die institutionellen Rahmenbedingungen ausgebremst werden, in der ungelösten Kinderbetreuung und der Teilzeitfalle stecken bleiben, wie viele gescheiterte Wiedereinstiegsversuche gemacht werden, ist ihr nicht wichtig. Sie bearbeitet die Denkmuster der 1950er Jahre mit den Antworten der Frauenbewegung auf dem Stand der 1970er Jahre.

Es ist kaum die Rede von sozialen Unterschieden, von Berufen, die weder Männern noch Frauen Spaß machen. Sie dualisiert die Geschlechterverhältnisse, eindimensionalisiert die soziale Situation und vertritt fast ein sozialistisches Menschenbild, in dem nur Erwerbsarbeit Wert und Würde verleiht. Sie wertet die *Care*-Arbeit ab, weil sie sich nicht anders zu helfen weiß, sie predigt den Hass auf Kinder, macht sie zu Objekten im Geschlechterkampf. Ihre positiven Beispiele spielen in gescheiterten Beziehungen und handeln meist von der Befreiung der Frau aus der Beziehung. Frauen, befreit euch von den Männern und von den Kindern am besten gleich mit! Und alles nur, um zu sagen, dass ein paar gut ausgebildete Frauen sich doch bitte etwas mehr um die Gesellschaft kümmern sollen.

Aber auch eine Generation weiter wird die Lebensweisheit von der Kinderbefreiung weitergegeben. Die kluge Thea Dorn, die wie Bascha Mika keine Kinder hat, findet sogar eine philosophische Überhöhung ihrer persönlichen Entscheidung (Dorn, 2006, 313): »Nicht zuletzt deshalb habe ich mich in meinem eigenen Leben gegen Kinder entschieden, weil auch ich seit meiner Jugend den Verdacht hege, dass zwischen Moderne und Mutterschaft ein Spannungsverhältnis besteht.«

Die Empfehlungen von Dorn und Mika stellen die Dinge einfach nur auf dem Kopf. Statt Kinder, Küche, Kirche heißt es nun: Computer, Küche, Kir Royal – denn da gibt es nichts zu beschönigen – auch Singlefrauen haben Hausarbeit. Und der Gedanke, dass kinderlose Frauen problemlos in Führungspositionen rücken, hat mit der Realität nichts zu tun.

Das Unbehagen an den Ganz-oder-gar-nicht-Lebensweisheiten wächst. Im Blick auf Mika und die Abwertung der *Care*-Arbeit in der Familie wirft die Journalistin Susanne Mayer Feministinnen und Ökonomieprofessoren vor, sie »ließen es gedanklich nicht einmal zu, dass in der

Familie auch Erfüllung und Glück zu finden« sind. (*DIE ZEIT* 3.2.2011) Merke: Wer Mika und Dorn kritisiert, steht noch lange nicht bei denen, die auf der anderen Seite vom Pferd fallen und allein die Familie als Glücksquelle für Frauen ausrufen.

Von (Kirchen-)Männern lernen – das ganze Glück mit Arbeit und Familie

Aus der mentalen Sackgasse der deutschen Dilemma-Situation könnte eine Denkfigur herausführen, die aus der indischen Logik stammt und in der Beratung angewendet wird. Das Tetralemma: Es ist das Eine, es ist das Andere, es kann aber auch sowohl das Eine als auch das Andere sein oder es kann Keines von Beidem sein. Und jenseits von alledem kann es sein, dass es keine der vier Möglichkeiten ist. Das Tetralemma hilft, Tunnelblicke aufzulösen, die heute so beliebte »Alternativlosigkeit« zu unterlaufen und etwas hineinzubringen, was in der deutschen Diskussion auch selten ist: Querdenken und Humor. Wenn das Eine ein erfüllender Beruf ist und das Andere die Familie, dann heißt die dritte Möglichkeit: sowohl erfüllender Beruf als auch Familie. Sie steht gleichberechtigt neben der vierten Möglichkeit, Keines von Beidem zu haben. Das klingt völlig absurd, was soll das heißen: kein Beruf, keine Familie? Es könnte das asketische Leben der Einsiedler sein, aber selbst die verspürten Berufung. Jenseits von alledem ist menschliches Leben eigentlich nicht möglich, weil kein Mensch ohne soziale Beziehungen überleben kann.

In dieser Perspektive erscheinen alle Möglichkeiten defizitär – außer die des Sowohl-als-auch. Und das »Sowohl Beruf als auch Familie«-Modell ist das von Männern, zumal von Kirchenmännern, am häufigsten gewählte Modell. Warum sollten sich Frauen mit einem der defizitären Mo-

delle abfinden? Dafür gibt es eigentlich keinen Grund. Seit
den 1980er Jahren sagen Studien zum Thema, dass er-
werbstätige Mütter mit ihrem Leben zufriedener sind und
ein höheres Selbstwertgefühl haben. (Allmendinger, 2010,
160)

In die individuellen Entscheidungen der Familien kann
Kirche nicht hineinreden, aber als einer der größten Arbeit-
geber im Land können Kirche und Diakonie an institutionellen Stellschrauben drehen, die Frauen Vereinbarkeit von
Familie und Beruf erleichtern. Kirche und Diakonie sollten
zu Vorbildern in Sachen Kinderbetreuung werden:

Ich hatte das große Glück, mein Kind in Berlin zur Welt zu
bringen. Zwar haben in Berlin alle Eltern unabhängig vom
Alter ihrer Kinder das Gefühl, in einem kinderreichen
Land zu leben, weil alle Einrichtungen und sämtliche
Kurse für Kinder permanent überfüllt sind, aber – es gibt
all diese Angebote. Dank der couragierten sozialdemokra-
tischen Senatorin Ilse Reichel gibt es seit den 1970er Jahren
auch in Westberlin ein Netz von Tagesmüttern, Kindergär-
ten, Elterninitiativen und Horten. Unsere Tagesmutter-
suche führte uns am Ende der 1990er Jahre durch sämtliche
sozialen Verhältnisse von Berlin-Moabit, aber wir wurden
fündig. Ich konnte meine Pendelarbeit in eine westdeutsche
Universitätsstadt nach anderthalb Jahren wieder aufneh-
men, danach kamen der Kindergarten und die Vorschule.
Am späten Nachmittag standen wir berufstätigen Mütter
und Väter auf dem Spielplatz und tratschten über Chefs
und Büros.

Wie anders, als ich mit der Familie auf das niedersäch-
sische Land zog! Das ganze Elend der westdeutschen Ver-
hinderungsstrukturen von Familie und Beruf erwischte
mich, die »Ost-« und »Berlin«-Frau, mit voller Wucht.
Beide Eltern voll berufstätig – und keine Betreuungsein-
richtung weit und breit, die nur annähernd die Zeit ab-

deckte, die normalerweise in Deutschland gearbeitet wird. Wie sollte das alles gehen? Eine private Lösung musste her und fand sich auch. Unser Kind: »*the odd one out*«, immer das Kind, das zu einer anderen Familie gehen musste, weil die Mutter nicht zu Hause war.

Und die Mütter? Alle sehr nett, alle sehr unglücklich, in sehr großen Häusern mit sehr sauberen Küchen, viele sehr engagiert in der Schule, im Sportverein, in der Kirchgemeinde. Und worüber sprachen wir? Über die Kinder, ja. Über die Schule, ja. Der Rest war Schweigen. Ich konnte meine Sorgen nicht mit ihnen teilen und sie nicht ihre Sorgen mit mir.

Vereinbarkeit – (k)ein Thema in der Kirche

Das Modell von der Vereinbarkeit von Familie und Beruf ist in Deutschland an wenigen Orten Realität, wie in Berlin oder dort, wo Unternehmen aus purer ökonomischer Logik für ausreichende und passgenaue Kinderbetreuung sorgen. Das Thema ist allerdings in den Chefetagen deutscher Unternehmen, auch deutscher Sozialunternehmen angekommen. Etabliert ist es jedoch noch lange nicht. Aber in den kommenden Jahren wird der Konkurrenzkampf um qualifizierte Arbeitskräfte Konzepte für intelligente Kinderbetreuung in den Unternehmen selbst erzwingen. Das ist eine Aufgabe für die Unternehmen unter dem Dach der Kirche.

Schon heute sind große diakonische Träger kräftig dabei. Der Frauenanteil unter den Mitarbeiterinnen liegt in der Diakonie bei fast 80 Prozent. Oft sind es gerade die typischen Frauenberufe, die sich mit Familie nicht vereinbaren lassen. Schichtarbeit in der Pflege oder im Krankenhaus, Jobs im Dienstleistungssektor sind nicht kompatibel mit Halbtagskitas oder Vormittagsschulen. Intelligente Kinderbetreuung wird in Zeiten des Arbeitskräftemangels in den sozialen Berufen zu einer Überlebensfrage.

In der Kaiserswerther Diakonie, die mit etwa 2000 Mitarbeitern nicht zu den ganz großen Einrichtungen gehört, ist inzwischen fast alles verwirklicht, was nach heutigem Erkenntnisstand Vereinbarkeit erleichtert: zwei Kitas mit Randzeitenbetreuung, eine mit 24-Stunden-Betreuung, Orientierungsmaßnahmen für Wiedereinsteigerinnen, Freistellung für die Kinderbetreuung über die gesetzlichen Pflichten hinaus, Betreuung der Unter-3-Jährigen, ein Lern- und Förderzentrum für Schülerinnen und Schüler. (Dierks, 2009, 4) Die Brandenburger Diakonie, die über viele verschiedene Standorte verfügt, arbeitet mit einem Netzwerk von Tagesmüttern zusammen, hat Lebensarbeitszeitkonten und flexible Arbeitszeiten eingerichtet. Das sind Beispiele, die zeigen, wohin die Reise gehen muss. Die Flexibilität von Arbeitszeit ist eine wichtige Stellschraube gelingender Vereinbarkeit.

Es ist seit Langem klar, dass die Vorstellung, die Leistung einer Arbeitskraft sei von ihrer Anwesenheit am Arbeitsplatz abhängig, für Mütter und Väter, die ihre Kinder betreuen wollen, den K.o. bedeutet. Der Knoten sitzt in den Köpfen fest – der ist ein Held der Arbeit, der von morgens um 7 bis nachts um 11 im Büro hockt.

Dabei sind die langen Arbeitszeiten ein deutsches Spezifikum. In Ländern, die Vereinbarkeit von Familie und Beruf gut geregelt haben, beträgt die durchschnittliche Wochenarbeitszeit unter 40 Stunden, in Deutschland liegt sie darüber. Sind die 40 Stunden außerdem an die Anwesenheit am Arbeitsplatz gekoppelt, ist eine Vereinbarkeit der Arbeit mit Kindern ausgeschlossen. Was bleibt, ist das von 45 Prozent der deutschen Familien mit Kindern praktizierte, steuerlich extrem bevorteilte Modell: Er arbeitet voll, sie halb. Und das ein Leben lang.

Es ist längst so, dass Frauen arbeiten wollen oder müssen. In den 1980er Jahren lag die Frauenerwerbsquote bei 46 Prozent, die der Männer bei 88 Prozent. Heute arbeiten 70 Prozent der Frauen im arbeitsfähigen Alter und 80 Prozent der Männer. Jeder Familie ist klar, dass ein Kind oder mehrere in Deutschland ein hohes Armutsrisiko darstellen. Teilzeit scheint momentan der einfachste Weg, die Zumutungen der deutschen Familienpolitik in puncto Kinderbetreuung und Steuerpolitik zu unterlaufen. Und zugleich ist die Teilzeitarbeit eine böse Falle. Einmal halb, immer halb – halbes Einkommen, halbe Rente. Denn ab einem bestimmten biografischen Zeitpunkt heißt das Defizit von Wiedereinsteigerinnen nicht Familie, sondern Alter. (Allmendinger, 2010, 141) Dann ist es noch schwerer, einen Job zu finden. Im internationalen Vergleich zeigt sich, dass Teilzeit die Arbeitsmarktchancen von Frauen nicht fördert. In Ländern mit hoher Mütter-Erwerbsarbeit ist die Teilzeitquote gering. In Deutschland, wo sie mit 45 Prozent am höchsten ist, bleibt ein knappes Drittel der Mütter ganz zu Hause.

In der Fachsprache der Arbeitsmarktforscher heißen die beiden Frauenfallen: *Gender Time Gap* und *Gender Wage Gap*. Wer wenig Arbeitsjahre und Arbeitsstunden auf seinem Konto hat, bekommt die entsprechende Rente, das Frauenarmutsrisiko Nummer eins. Am jährlichen Tag der Gleichbezahlung ist zu hören, dass Frauen im Durchschnitt 20 Prozent weniger verdienen als Männer, oftmals bei gleicher Qualifikation. Auch in den Kirchen sind diese beiden Frauenfallen aufgestellt:

Das *Gender Wage Gap*, die Verdienstlücke, existiert in der Kirche auf unauffällige Weise. Von zwei Personen im gehobenen kirchlichen Dienst auf einer Stelle mit dem gleichen Zuschnitt kann die eine angestellt und der andere beamtet sein – das macht in der Summe einen Gehaltsunterschied von mehreren 100 Euro. Und da ist nicht einmal Halbtagsarbeit im Spiel.

Und das *Gender Time Gap*, die Arbeitszeitlücke, klafft mitten im Pfarramt: Die Vollzeitwoche im Pfarramt beläuft sich auf 50 bis 60 Stunden Arbeit. Haus- und Familienarbeit kommen obendrauf. Aus der Vogelschau des Jahrhundertblicks gesehen, grenzt der Wechsel vom »Amt« der Pfarrfrau zum Amt der Pfarrerin an eine Verdoppelung der täglichen Pflichten. Neben der Berufsarbeit lastet die Haus- und Familienarbeit auf der Pfarrerin, solange im Privaten die klassische Rollenaufteilung gepflegt wird. Ursprünglich brachten Pfarrfamilien, in denen beide im Dienst sein wollten, den Gedanken auf, dass Pfarrstellen geteilt werden können, obwohl die Arbeit prinzipiell unteilbar zu sein schien. Aus dem Bedürfnis, Haus- und Familienarbeit besser bewältigen zu können, ist die Forderung nach Stellenteilung gegen Widerstände durchgesetzt worden. Inzwischen aber zeigen sich die ausgrenzenden Effekte deutlich. Der Anteil der Pfarrerinnen an Teilzeitstellen liegt bei 60 Prozent, der ihrer männlichen Kollegen bei 23 Prozent. Zu früh gefürchtet, ihr Panikmacher, vor der angeblichen Feminisierung des Pfarramts! Der Anteil von Frauen an der Pfarrerschaft ist wohl auf ein Drittel gestiegen, ihr Anteil am Arbeitsvolumen aber nicht. Die Teilzeitpfarrerin ist das Normale. Der größte Teil dieser merkwürdigen Normalität geht auf das Konto der erschwerten Vereinbarkeit von Familie und Beruf in der Kirche.

Pfarrerinnen und Pfarrfamilien schlagen die in Deutschland üblichen Wege ein: sie halb, er voll. Geschäftsführende Pfarrerin zu werden ist mit der Teilzeitstelle zwar nicht ausgeschlossen, aber unwahrscheinlich. Ein Aufstieg in der kirchlichen Hierarchie von der Teilzeitstelle aus – selten. Selbst die Gleichstellungsgesetze winden sich: Teilzeit darf kein Hinderungsgrund für die Bewerbung auf eine Führungsposition sein, wenn nicht »dienstliche Belange« dagegenstehen. Dienstliche Belange? Was das ist, wird nicht definiert, und so stehen diese Dinge sehr offensichtlich sehr oft dagegen. In der ganzen EKD gibt es eine einzige Führungsstelle, die sich ein Ehepaar teilt. Das ergibt übrigens auch einen *Token*-Effekt – die beiden werden als Besonderheit bestaunt.

Fördert Kirche nun die Vereinbarkeit von Familie und Beruf oder tut sie es nicht? Eine einfache Antwort auf die Frage ist schwer. Die unternehmerische Diakonie ist auf einem guten Weg dahin. Die evangelische Kirche als Arbeitgeberin für 220 000 Menschen ist es noch nicht. Eine erschütternde Selbstoffenbarung bot der damalige Ratsvorsitzende Wolfgang Huber im Jahr 2009 auf einem Zukunftskongress, der die ganze EKD nach vorn bringen wollte. Die Kirche habe, so der Chef, den Kontakt zu den »überlasteten Müttern« verloren. (Huber, 2009, 11) Ungläubiges Staunen bei allen anwesenden Frauen. Eine Pfarrerin aus Württemberg stellte nüchtern fest: »Ich bin eine überlastete Mutter.« Ganz oben – im Reich der beamteten Kirchenführer, die kirchenpolitische Richtungsentscheidungen zu fällen haben – scheint die Nähe zu diesen überlasteten Wesen nicht zu spüren zu sein. Wenn in zentralen kirchlichen Behörden die Hertie-Stiftung und ihr Familienfreundlichkeits-Siegel zu Hilfe geholt werden muss, um das Thema Vereinbarkeit überhaupt in den Verwaltungsprozess hineinzudrücken, ist das ebenso eine Selbstoffenbarung. Und sie passt zu dem, was eine Evaluierung des Gleichstellungsgesetzes in Westfalen ergab: »Mal bestanden die Probleme in unflexiblen Arbeitszeiten, die keine öffentliche Kinderbetreuung abdeckten; ein anderes Mal verhinderten Männerseilschaften die Besetzung von Führungspositionen mit Frauen. Das Argument, Führungspositionen in Teilzeit seien nicht möglich, wurde sogar für Gruppenleiterinnen im Kindergarten angeführt. In Verwaltungen scheiterte der berufliche Aufstieg u. a. an der mangelnden formalen Qualifikation, d. h. der ersten oder zweiten kirchlichen Verwaltungsprüfung – tatsächlich hoch qualifizierte und beruflich sehr erfahrene Frauen blieben in den unteren Vergütungsgruppen, obwohl sie qualifizierte Verwaltungsarbeit leisteten. Frauen, die Elternzeit in Anspruch genommen hatten, sahen sich mit dem Vorurteil der mangelnden Berufsorientierung konfrontiert, das sie in Bewerbungen um berufliche Führungspositionen benachteiligte.« (Feldhoff, 2007)

Das Fazit: Kirche fördert das Modell der Vereinbarkeit von Familie und Beruf nicht. Kirche duldet es, passt sich an, aber wo sie das alte Modell aufrechterhalten kann, tut sie es. Beispiel Vikariat, Ausbildung von Pfarrerinnen und Pfarrern mit wochenweisen Phasen in einer Ausbildungsstätte fern vom Wohnort: Zu Beginn des Jahrtausends musste ich, so sah es die Ausbildung vor, regelmäßig für mehr als eine Woche in das Predigerseminar fahren. Mein 3-jähriges Kind warf sich von innen vor die Wohnungstür und wollte mich nicht gehen lassen, weil es ahnte – Mama sehe ich so bald nicht wieder. Dort angekommen, tauchte ich in eine andere Welt. Hier war ich nicht die promovierte, berufstätige Mutter, hier war ich ein Wesen, dessen innere Entwicklung im Vordergrund stehen sollte. Alles ging langsam, es gab große Pausen für die Beschäftigung mit sich selbst und der Gruppe. Nach einem halben Jahr wurden Vikarinnen und Vikare nach Fortschritten in ihrem inneren Reifeprozess befragt. Mein innerer Reifungsprozess war empfindlich gestört, weil ich eigentlich immer wie auf heißen Kohlen saß und mich, sobald sich die Gelegenheit bot, aus dem Staub machte und nach Hause fuhr. Am nächsten Morgen stand ich um 4.30 Uhr auf, um rechtzeitig um 7.30 Uhr wieder in die Kirchenwelt einzutauchen. Ich war übrigens nicht die einzige Mutter, andere machten es genau so. Die

Väter weniger. Ihnen war die Möglichkeit, vom anstrengenden Familienalltag auszuspannen, ganz recht. Vielleicht prägen sich auch bei solchen Gelegenheiten die Selbstbilder des Pfarrers als Hirte und Missionar besonders stark aus. Es ist eine bisher nicht untersuchte Frage, in welchem Verhältnis die beruflichen Selbstbeschreibungen von Pfarrern zur Selbstbeschreibung als Vater stehen. Ist Mann da auch Missionar und Hirte, am besten für die Frau gleich mit?

2008 haben kirchliche Gremien, genauer die »Arbeitsgemeinschaft der Frauen- und Gleichstellungsreferate in der EKD« und die »Konferenz der Ausbildungsreferentinnen und -referenten« Empfehlungen für die Vereinbarkeit von Vikariat und Familie erarbeitet. Eine Empfehlung zur Umorganisation der Ausbildung ist nicht dabei. Dafür der Satz: »Zwar ist es nicht die Aufgabe der Kirche, familiäre Planungsaufgaben zu lösen, doch soll … ein Perspektivenwechsel erfolgen.« Es wäre schon viel, denke ich nach meinen eigenen Erfahrungen in der Ausbildung, wenn Kirche nicht zur Verursacherin unlösbarer familiärer Planungsaufgaben würde. Überflüssig zu sagen, dass die Empfehlung eines Teilzeitvikariats ein Holzweg ist.

Die Unentschlossenheit von Kirche zeigt sich in all den Konjunktivsätzen des Müsste, Sollte, Könnte. In einer Institution wie der evangelischen Kirche, die jede Pfennig-Ausgabe mit Gesetz, Verordnung und Ausführungsbestimmung legitimiert, sind »Empfehlungen« dem Papierkorb näher als dem Leben. Kirche tut zu wenig, um Vereinbarkeit zu fördern. Das Thema ist geparkt bei den Gleichstellungsbeauftragten, die sich redlich mühen, die klug kämpfen, aber nie am Hebel sitzen. Ich gestehe es freimütig und offen: Ich bin für den Vorrang der Vereinbarkeit von Familie und Beruf auf allen Ebenen der Kirche. Die Stellschrauben sind hinlänglich bekannt, die Hindernisse auch. Da muss keine private Stiftung zu Hilfe gerufen werden, um die Vereinbarkeit zu evaluieren. Denn damit ist das Thema ein Projekt der Frauenbeauftragten, kein Thema der Gremien. Vereinbarkeit von Familie und Beruf ist kein Frauenthema – es gibt inzwischen genügend Frauen in allen Gremien, die das von ihren Kollegen einfordern können, die selbst zu 80 Prozent Väter sind. Der Vorschlag der Soziologin Ute Gerhardt auf der legendären 1989er EKD-Synode, Familienprobleme eine Zeit lang ausschließlich als Männerthema und nicht als Frauenfrage zu diskutieren, ist bis heute so uneingelöst wie charmant. (Wolf/Bärend, 1989, 52)

Von den drei Faktoren, die das Megathema Vereinbarkeit von Familie und Beruf beeinflussen, bleibt noch eines. Zu den persönlichen Lebensentscheidungen und den institutionellen Regelungen des jeweiligen Landes kommen die kulturellen Muster. Wieder geht es um Bilder in den Köpfen. Kirche und Theologie haben in der historischen Tiefenschau kräftig mitgemischt bei der Entstehung und Pflege von Familien- und Mutterbildern. Angefangen von Maria, der Gottesmutter, bis zum Sakrament der Ehe, das Martin Luther entzauberte: Die Ehe ist ein weltlich Ding. In Deutschland wird Kinderhaben vor allem als schwierige Lebenslage gesehen. Konflikt, Doppelbelastung, Armutsrisiko – das sind die Signalwörter. Wer über den deutschen Tellerrand schaut, sieht einen absonderlichen Zusammenhang. Vereinbarkeit von Familie und Beruf wird in den Ländern am stärksten als Belastung empfunden, wo sie am wenigsten praktiziert wird: In Deutschland sind nur 19 Prozent der Partner mit Kindern doppelt in Vollzeit tätig, in Finnland sind es zum Beispiel 61 Prozent. (Allmendinger, 2010, 42) Damit nicht genug – der Konflikt zwischen Beruf und Mutterschaft gilt hierzulande als unauflöslich. Der Blick in den Katechismus der lutherischen Kirchen, der im neuen Jahrtausend schon zweimal überarbeitet wurde, spiegelt das deutsche Volksempfinden, dass Kinder zunächst und vor allem eine Problemlage darstellen, dass sie eine verursachen und dass sie diese auf Dauer stellen. »Kinder schränken uns in unserer Beweglichkeit ein, unterbrechen den kontinuierlichen Aufbau und Ausbau des beruflichen Erfolgs, sie kosten – nüchtern betrachtet – Geld und mindern so auf Jahrzehnte den materiellen Lebensstandard.« (Katechismus, 2000, 292)

Wenn aber das Dasein von Kindern und das Zusammenleben mit ihnen zuerst als Konflikt präsentiert wird, befindet sich die theologische Ethik in einer Schieflage. Denn erstens unterscheidet sich das Leben mit Kindern insofern nicht vom Leben ohne Kinder, als dass konflikthafte Situationen zum menschlichen Leben hinzugehören.

Zweitens ist das Leben mit Kindern natürlicherweise ein kleiner Teil der Biografie. Bei einer durchschnittlichen Lebenserwartung von 80 Jahren füllt die Phase des Zusammenlebens höchstens ein Viertel der Lebenszeit. Was aber machen Frauen aus dem Rest ihres Lebens? Und drittens ist das mit Kindern verbundene Armutsrisiko kein Automatismus. Der internationale Vergleich zeigt, dass es möglich ist, Einkommenshöhen von Menschen mit Kindern und Menschen ohne Kinder in einer Balance zu halten.

Der lange Schatten – Mutterbilder von vorgestern

Das gängige Bild von der Familie als Konfliktfall enthüllt, was lang anhaltende mentale Wirkungen eigentlich sind: Das 19. Jahrhundert sah (vgl. Kapitel 2) in der Berufstätigkeit von Müttern nichts als ein soziales Problem, ob proletarisch oder bürgerlich. Ganztagsbetreuung von Kindern war etwas für sozial Schwache. Der Fröbelsche Halbtagskindergarten wurde von Bürgerkindern bevölkert. Öffent-

liches Auftreten von Frauen, das der evangelische Sozialreformer Adolf Stöcker durchaus förderte, fuhr auf der
Schiene der geistigen Mütterlichkeit. Aus diesem Muster ist
bis heute kein Entrinnen. Bisweilen ist zu hören, der Nationalsozialismus sei an der Überhöhung des Hausfrauen-
Mutterbildes schuld. Wäre es so, hätte es gleich mit *reedu-
cation* und Antifaschismus aus den Köpfen entfernt werden
können. Das 1939 eingeführte Mutterkreuz, das als Beleg
für diese These herhalten soll, war die Übernahme einer
französischen Idee von 1920. Die Frauen im Dunstkreis der
Bekennenden Kirche legten keinen besonderen Wert auf
die Verleihung. »… Der Mutter versuchte man mehrmals
ein Mutterkreuz aufzuschwatzen, was sie ganz wütend
machte«, erinnerte sich Natalie, Tochter von Käthe und
Günther Harder, beide aktiv in der Bekennenden Kirche in
Brandenburg. (Harder, 1983, 120)

Die Verleihung geschah zwar mit großem ideologischen
Getöse, blieb aber rein symbolisch. Finanzielle Erleichte-
rungen für die kinderreichen Familien brachte sie nicht.
Das Terrorregime achtete darauf, dass die angebliche Ge-
burtenfreundlichkeit nichts kostete.

Die Historikerin Gisela Bock hat darauf hingewiesen,
dass die Einschätzung, die Parteistellen der Nazis trieben
einen extremen Mutterkult, hauptsächlich von den Geg-
nern vorgetragen wurde, und belegt, dass dieser Mutterkult
jedenfalls nicht mit der Ablehnung von Frauenerwerbstätigkeit einherging. Im Gegenteil: Von 11,5 Millionen im
Jahr 1933 stieg die Zahl der erwerbstätigen Frauen 1944 auf
14,9 Millionen. (Bock, 1997, 183) Damit waren 53 Prozent
der Erwerbstätigen weiblich und über die Hälfte der
Frauen zwischen 15 und 60 Jahren berufstätig, eine Quote,
die in der Nachkriegszeit erst in den späten 1980er Jahren
wieder erreicht wurde.

Die frauenfeindliche Bildungspolitik, die zwischen 1933
und 1935 Frauen von akademischen Berufen ausschloss,

wurde im Laufe der Kriegszeit revidiert. Auch die 1942 erheblich erweiterten Mutterschutzbestimmungen zielten weniger auf die Verwirklichung eines Hausfrauendaseins als vielmehr auf den Erhalt der Arbeitskraft junger, gebärfähiger Frauen. Sowohl der Reichsarbeitsdienst, dessen Anpassung an die Kriegserfordernisse im September 1939 einer parallelen Mobilmachung junger Frauen im Alter von 17 bis 25 Jahren gleichkam, als auch die Arbeitspflicht für alle Frauen ab 1943 zeigen, dass der Erhalt der Volksgemeinschaft Vorrang vor der archaischen Reduktion von Frauen auf die Gebärrolle besaß. Der »Dienst an der Volksgemeinschaft« bildete die Brücke, über die eine Erwerbstätigkeit von verheirateten Frauen und Müttern legitimiert werden konnte. (Bock, 1997, 188)

Wer allerdings das Mutterideal unverdrossen und intensiv pflegte, mal gegen das Regime, mal im Gleichschritt mit ihm, waren die evangelischen Frauenverbände, die in Friedenszeiten der Emanzipationsbewegung das Genick gebrochen hatten. Obwohl die Konkurrenz nationalsozialistischer Frauenverbände die konfessionellen Aktivitäten auf dem Feld der Mütterbetreuung weitgehend zurückgedrängt hatte, blieb das Paradigma der Mutter und sonst nichts. Auch wenn außer einfachen praktischen Tätigkeiten, wie dem Strümpfestricken für die Wehrmacht aus »schöner russischer Beutewolle« (Archiv Berlin 24), nur die religiöse Betreuung möglich war, gaben die Frauenhilfen ihren Anspruch, Frauen als Mütter zu betreuen, keineswegs auf: »Wir treiben«, hieß es in einer Kollektenbitte zum 20. Juli 1941, »vor allem Bibelarbeit und sammeln Mütter. Den Jungmüttern helfen wir mit Wort, Bild und Lied bei der religiösen Erziehung ihrer Kinder.« (Archiv Berlin 25)

Weniger aus dem nationalsozialistischen Mutterkult als vielmehr aus dem viel älteren Denken dieser Kreise speisten sich die Überzeugungen der 1950er Jahre, aus denen die familienpolitischen Eckpfeiler Westdeutschlands gebaut wurden und die bis heute im »konservativ-gehobenen Milieu« der kirchlichen Kernmitglieder ihre Heimat haben. Das 19. Jahrhundert wirft seine langen Schatten auf Frauenbilder und Muttermythen bis in das 21. Jahrhundert hinein.

Verschenkte Potenziale, wie Jutta Allmendinger die 5 Millionen nicht erwerbstätigen Frauen nennt, sind auch theologisch ein Problem. Kirche und Theologie haben eine Verantwortung dafür, Frauen von übermächtigen Mutterbildern zu befreien, die sie selbst mit aufgebaut haben. Das wäre ein kleiner Beitrag zur Aufarbeitung kirchlicher Schuldgeschichte in Sachen Frauenunterdrückung. Denn Potenziale zu verschenken heißt auch, Schöpfungsgaben brachliegen zu lassen. Anstatt die Moralisierung und Feminisierung der deutschen Kirchen zu beklagen, könnten Universitätstheologen einmal darangehen, die moralisch-ethische Suche nach neuen Paradigmen theologisch zu unterstützen. Ist es Denkfaulheit oder theologische Ratlosigkeit, dass das zu wenig passiert? Liegt es daran, dass feministische Universitätstheologinnen oft kinderlos sind und ihre Kollegen hier keinen Bedarf sehen wollen?

Individuelles Leben, politisch-ökonomische Regeln, kulturelle Muster – zwischen diesen Kräften bewegen sich auch die Frauen und Männer in der Kirche. Vieles deutet momentan darauf hin, dass wir uns familien- und frauenpolitisch an einem Wendepunkt befinden. Institutionelle Regelungen wurden zugunsten der Vereinbarkeit zaghaft verändert, es könnte mehr gehen. Immer mehr Frauen treffen ihre individuellen Lebensentscheidungen zugunsten der Vereinbarkeit von Familie und Beruf – sie brauchen vernünftige Strukturen, Gesetze und Regelungen, um diesen Weg unangestrengter gehen zu können. Der dickste Stein jedoch, der gewälzt werden muss, damit für die Mütter der Weg zu einer glückenden Berufstätigkeit frei ist, sind die erstarrten Bilder in den Köpfen. Hier haben Kirchenfrauen und Kirchenmänner eine echte Aufgabe!

6. Und was sagt die Wissenschaft? – Die Theologie und die Frauen

Fortschrittspathos und Fettnäpfchen

Keine Furcht, es wird hier keine Vorlesung über Feministische Theologie geben. Aber einen neugierigen Blick darauf, wie die zuständige Wissenschaft mit mir als Kirchenfrau umgeht, muss ich doch werfen. Theologie hat, wie andere Wissenschaften auch, mehrere Disziplinen. Da fängt es schon an: Ist die Feministische Theologie eine Disziplin? Schließlich werden Professuren für feministische Forschung vergeben. Und eine Professur bedeutet die Einreihung in den Fächerkanon der Theologie. Nein, sagen ihre Vertreterinnen, es ist keine Einzeldisziplin, sondern eine andere Art, überhaupt Theologie zu treiben. Und es ist ein Reformprojekt für die ganze Christenheit. »Die Vision Feministischer Theologie ist ein verändertes Paradigma in Theologie und Kirche, das Gerechtigkeit ins Zentrum stellt«, sagt die feministische Professorin Renate Jost. Ein gehöriges Fortschrittspathos gibt es obendrauf: »Während für einige die Ergebnisse feministisch-theologischer Forschungen schon zum Standard theologischer Theorie gehören, bleiben andere traditionellen Vorstellungen verhaftet.« Feministische Theologie weiß sich auf der Überholspur moderner Theoriebildung, und nicht nur das: Zielangabe ist nichts Geringeres als die Herstellung von »Gerechtigkeit auf allen Ebenen des theologischen Denkens und in gesellschaftlichen und kirchlichen Organisationen«. (Jost, 2008, 14)

Es ist gut möglich, dass genau dieser hohe, ganzheitliche Anspruch es ist, der die Reserviertheit vieler jüngerer

Frauen gegenüber der Feministischen Theologie erklärt. Denn um diesen Anspruch herum hat sich ein Milieu gebildet, von dem der Hamburger Theologe Hans-Martin Gutmann in der *Jungen Kirche* sagt, es erreiche kaum noch »das Lebensgefühl der gegenwärtigen Studierendengeneration«. (Gutmann, 2007, 6)

Feministische Theologie will die ganze Person, das ganze Leben, das ganze Denken. Das ist ein Anspruch, der vielen Angst macht, weil er vereinnahmen will. Die nach 1970 geborenen Frauen denken und reden nicht die feministischen und frauenrechtlerischen Leistungen ihrer Müttergeneration klein. Aber sie haben ein Bewusstsein dafür, dass das Individuum in der Moderne in unterschiedlichen Lebensbereichen verschiedenen Paradigmen folgt. Gerechtigkeit ist eines von ihnen, Liebe ist ein anderes. Es gibt weitere. Es ist der Gestus der Vorkämpferinnen für Freiheit jeglicher Art, der sie vorsichtig werden lässt. Die kämpferische Attitüde, mit der manche Feministin genau weiß, wer wovon befreit werden muss, kommt schnell als Bevormundung daher und wenn dann noch ein unbedingter, weil im Frausein selbst verankerter Solidaritätsaufruf hinzutritt, engt das die Möglichkeit ein, den eigenen Kopf in Bewegung zu setzen. Dabei war genau dieses »Danke, ich denke selber« einer der fruchtbaren Grundimpulse feministischen Denkens.

Das Milieu der Feministischen Theologie gleicht heute oft mehr einer Ansammlung von Fettnäpfchen als einer mutigen Alternative, die Perspektiven öffnet. Als ich in einem Frauenzentrum vor dem Zweiten Ökumenischen Kirchentag fröhlich erzählte, dass wir uns auf die Formel »christsein in der Gesellschaft« geeinigt hatten, hagelte es Kritik, weil die inklusive Sprachform nicht durchgesetzt worden war. Ich sah vor meinem geistigen Auge gar kein Nomen, sondern – im übertragenen Sinne – ein Tätigkeitsverb: christsein. Die Feministinnen hörten: Mannsein.

Trotz dieser Anfragen sehe ich mich aber keineswegs auf der Seite der Verächter einer frauengerechten, feministischen Theologie. Ich suche eine differenzierte Position. Dass es in der Haltung zur Feministischen Theologie nur ein Entweder-oder zu geben scheint, ein Dafür oder Dagegen, hängt mit einer Beobachtung zusammen, die die leider viel zu früh verstorbene Berliner Theologin Christiane Markert-Wizisla zu Beginn der 1990er Jahre gemacht hat: Es sei geradezu ein Charakteristikum feministischer Theologie, dass sie einem doppelten Ideologieverdacht ausgeliefert sei. Einerseits argwöhne der weltliche Feminismus, hier seien Menschen am Werk, die ein patriarchales und reformunfähiges Gegenunternehmen zur Emanzipationsbewegung verteidigen wollten. Und in der Tat stoßen bis heute christliche, feministische Frauen auf Verwunderung: jüngst Ursula Fehling (geb. 1982), die Vorsitzende des Bundes Katholischer Jugend in Deutschland: »Wenn ich mit jungen Frauen ins Gespräch komme, die sich ebenfalls als Feministinnen bezeichnen, aber der katholischen Kirche fernstehen, sind diese häufig überrascht, dass eine junge Frau mit solchen Ansichten gleichzeitig engagiertes Mitglied der katholischen Kirche ist.« (Fehling, 2011, 4f.)

Auf der anderen Seite sieht sich Feministische Theologie dem Verdacht ausgesetzt, weder wissenschaftlich noch rechtgläubig zu sein. Anschaulicher und publikumswirksamer Höhepunkt, von dem noch die Rede sein wird, war die Debatte um die Bibel in Gerechter Sprache.

Keines der beiden Verdachtsmomente hat sich bis heute erledigt, sie haben sich an manchen Stellen eher verschärft. Einer der gründlicheren akademischen Kritiker der Feministischen Theologie kam mit seinen »Kuscheltheologie«-Thesen schon zu Wort. Lange vor seinen polemischen Aussagen zeichnete Friedrich Wilhelm Graf die Feministische Theologie in die veränderte Wahrnehmung von Gottesbildern ein. Er verortete sie auf dem seit den 1970er Jahren explodierenden »religiösen Ideenmarkt« als eine der vielen erfolgreichen »Milieutheologien«. Feministische Theologie sei »Funktionstheologie einer religiösen Emanzipationsbewegung von Frauen, die andere Frauen für den Befreiungskampf gewinnen wollen. Um der Abschaffung des herrschenden Patriarchates willen decken sie die spezifisch männlichen Denkmuster und Urteilsstereotypen in den überkommenen, klassischen Theologien auf und dekonstruieren sie.« (Graf, 2009, 77) So einfach, so gut. Graf wirft der Feministischen Theologie vor, einen eigenen »Sinnkosmos« zu schaffen, in dem sie sich in der Bibel eine eigene Tradition erschließt.

Diese angebliche Einordnung entwertet die Anliegen der Feministischen Theologie. Sie ordnet die Theologie von Frauen pauschal den sozialethischen Emanzipationsbewegungen zu, die seit den 1970er Jahren für die westliche Welt kennzeichnend sind. »Mit Elementen der Genitivtheologien entwarf man Spezialtheologien für bestimmte Gruppen, die man so zum kollektiven Akteur ihrer Selbstbefreiung machen, in ihrer *agency* stärken wollte.« (Graf, 2009, 76) Hier wird unterstellt, dass sich Frau-Sein zum Mensch-Sein wie ein Genitiv verhält, also zugehörig, aber nicht identisch. Ist das plausibel? Jede Frau kann an sich selbst sehen, dass sie nicht nur im Genitiv, sondern auch im Nominativ und überhaupt in allen Fällen Frau ist. Das ist Grammatikstoff in der Grundschule.

Emanzipation und historischer Jesus

Obwohl die meisten Feministinnen mit Friedrich Wilhelm Graf vermutlich darin einig sind, die Anfänge der Feministischen Theologie in der Frauenbewegung der 1970er Jahre in ihrem gesellschafts- und kulturkritischem Impuls zu verorten, muss auch hier ein Fragezeichen gesetzt werden. Unbestritten nimmt die feministisch-theologische Literatur zu diesem Zeitpunkt sprunghaft zu, wichtige Impulse aus dem US-amerikanischen Umfeld landeten in Europa und wurden in Deutschland aufgegriffen.

Das aber ist nur eine Möglichkeit, den Ursprung zu zeichnen: Mich überzeugt eine andere, die historisch weitergehende Version von Christiane Markert-Wizisla. Sie macht die Wurzeln Feministischer Theologie im Umfeld der bürgerlichen Frauenbewegung des 19. Jahrhunderts aus, und ihre Kronzeugin ist niemand anders als die autodidaktische, wortgewaltige Theologin Elisabeth Malo. Malo, befreundet mit Elisabeth Gnauck-Kühne, war leidenschaftlich, protestantisch, scharfsinnig, analytisch. Aus dem Erbe Luthers von der »Freiheit eines Christenmenschen« folgte für sie die Emanzipation für alle Menschen, ein zutiefst liberaler Gedanke. Weg mit dem alten patriarchalen Vorurteil, dass die Gottebenbildlichkeit nur für Männer gilt, weg mit der These von der Ungleichheit der Geschlechter. Im wilhelminischen Umfeld fand sie sich mit ihren Thesen auf der radikalen Seite der Frauenbewegung wieder, während heute, darauf wies Markert-Wizisla hin, ganz umgekehrt, die Behauptung der Geschlechterdifferenz als radikale Position verstanden wird. (Markert-Wizisla, 1997, 10) Malos feministische Vorstöße erstreckten sich nicht nur auf Gleichheitsforderungen in Theologie und Kirche, die sie mit kirchenhistorischen Studien untermauerte – ihre folgerichtige, messerscharfe Kritik am Diakonissenwesen traf klar den wunden Punkt des Systems. Vielmehr verwandte sie viel

Sorgfalt auf den biblischen Befund. Mit Methoden reformatorischer und historisch-kritischer Exegese begründete sie ihre Thesen zum gegenwärtigen Zustand der Kirche, den sie im Blick auf die Frauen als unevangelisch und unreformatorisch kritisierte. (Markert-Wizisla, 1997, 163) Das starke Interesse am historischen Jesus teilte sie mit den liberaltheologischen Grundströmungen und es brachte sie dazu, wichtige Werkzeuge zu formen, die viele Jahre später zum Standard feministisch-theologischer Bibelauslegung wurden.

Die Diskriminierung von Frauen kam weder im biblischen noch im theologischen Diskurs vor. Sie musste aus der Erfahrung ins Wort gebracht werden, und dazu bedurfte es anderer methodischer Werkzeuge als bisher. »Das *argumentum e silentio* gewinnt Bedeutung. Auch das Schweigen kann Reden sein.« (Markert-Wizisla, 1997, 157) Hier schöpften und schöpfen die Kritiker der Feministischen Theologie schon den ersten Verdacht für ihre These von der Unwissenschaftlichkeit. Weder Elisabeth Malo, die in keiner einschlägigen Theologiegeschichte des 19. Jahrhunderts verzeichnet ist, noch die Exegetinnen des 20. Jahrhunderts haben sich davon abschrecken lassen.

Im Gegenteil – es ging und geht darum, die Korrespondenz und die Kontinuität aufzuzeigen zwischen dem Selbstbild als Frauen in der Kirche und der Erinnerung an die Frauen in der frühen Kirche. Was für die Männer und besonders die Geistlichen seit Jahrhunderten selbstverständlich ist, musste und muss auch für die Frauen nachvollziehbar und sichtbar werden. Sicher ist, dass auch zu Lebzeiten Jesu Männer nur die Hälfte der Menschheit ausmachten. Der Kampf um den sichtbaren Anteil von Frauen an der Kirchen- und Theologiegeschichte ist ein Kampf um die Erinnerung. Die Verankerung weiblicher Identität im Gründungsgeschehen des Christentums begründet auch die gegenwärtige Teilhabe an Theologie und Kirche. Das ist nicht die Produktion eines eigenen Sinnkosmos, sondern die Korrektur einer verzerrten historischen Wahrnehmung, wie sie für fast jede Epoche der Kirchengeschichte ansteht. Wenn Frauen im Umfeld Jesu dabei waren, die später unsichtbar gemacht wurden, dann geht es heute darum, sie sichtbar zu machen und damit zugleich Frauen einen Anspruch auf Beteiligung zu sichern und Handlungsorientierung zu geben. »Solches tut zu meinem Gedächtnis«, jede Abendmahlsfeier ruft die Kirche als Erinnerungsgemeinschaft ins Bewusstsein. Auch an diesem »Erinnerungsort« haftet christliche Identität, so dass es nicht verwundern kann, dass die katholische Neutestamentlerin Elisabeth Schüssler-Fiorenza 1988 daran ging, die »Symbole und die Ritualisierung eines Letzten Abendmahls, zu dem ausschließlich Männer versammelt gewesen sein sollen, zu korrigieren, da solch eine Vorstellung ein Verrat wahrer christlicher Nachfolge und wahren christlichen Amtes ist.« (Schüssler-Fiorenza, 1988, 6) »Zu ihrem Gedächtnis …« lautete dann auch der Titel der 1988 erschienenen Programmschrift feministischer neutestamentlicher Exegese.

Elisabeth Malos Vordenkerinnenposition verändert nun auch die Frage, wo der Ursprung Feministischer Theologie liegt. Es macht einen Unterschied, ob feministisch-theologische Theoriebildung ihren Ursprung im Umfeld gesellschaftlicher Befreiungsbewegungen und der Krise der Theologie in den 1970er Jahren verortet oder ob sie sich selbst als legitime Erbin liberaler Theologie begreift. Der Kritik gerade aus dieser theologischen Richtung kann mit dem Argument entgegengetreten werden, dass die Quellen, aus denen theologische Autodidaktinnen wie Elisabeth Gnauck-Kühne und Elisabeth Malo ihre Gedanken schöpften, in der Blüte der liberalen Theologie der wilhelminischen Zeit und in der historisch-kritischen Exegese zu finden sind. Letztlich beruht der inzwischen erreichte Konsens über die Frauenordination in der evangelischen Kirche auf diesen beiden Quellen: einem liberal-theologischen Kirchenmodell und einer Gültigkeit der Erkenntnisse historisch-kritischer Exegese. Überall dort, wo diese beiden Quellen keine Anerkennung finden, wird die Frauenordination bestritten.

Deshalb wäre es klug, auch die Theoriebildung feministischen Denkens mit diesen beiden Grundströmungen der Theologie zu verbinden. Das scheint für die langfristige Etablierung eines emanzipatorischen, an Menschenrechten orientierten Paradigmas feministischer Theologie aussichtsreicher als die Verortung in Zeiten des Zerfalls von Gottesbildern und der radikalen Pluralisierung theologischer Theoriebildung. Denn keinesfalls liegt im ursprünglichen Anliegen der feministischen Theologie eine »neopagane Repartikularisierung des Universellsten schlechthin« vor, wie Friedrich Wilhelm Graf meint. (Graf, 2009, 79) Es verhält sich eher umgekehrt: die Partikulartheologie, die sich unter willentlicher oder unwissentlicher Vernachlässigung von Frauen in der Tradition festgesetzt hat, bedarf der Vervollständigung und Vervollkommnung, wenn denn die Treue zum Universellsten schlechthin, dem Glauben an den einen Gott, gehalten werden soll. Liberale Theologie sollte ihre eigene Liberalität ernst nehmen und sich weder an der Errichtung neoorthodoxer Denkgebäude beteiligen noch an der Verhängung illiberaler Denkverbote mitwirken. Gesucht sind intelligente Beiträge zum größten Projekt der liberalen Theologie – einem freiheitlichen und gleichberechtigten Verhältnis der Geschlechter in Theologie und Kirche.

Die Bibel in frauengerechter Sprache

An die »Bibel in gerechter Sprache« war noch nicht zu denken, als Christiane Markert-Wizisla 1994 den prophetischen Satz formulierte: »Die Fragen an die traditionelle Theologie sind von zu großer Tragweite, als dass sie an die Fragestellerinnen zurückverwiesen werden können. Das Fehlen eines öffentlichen Diskurses zwischen feministischen Theologinnen und etablierten Theologen wird sich für die Theologie – auf lange Sicht gesehen – unheilvoll auswirken.« (Markert-Wizisla, 1997, 10) Und so kam es dann auch. Weil die sogenannte etablierte Theologie beinahe zwei Jahrzehnte lang die Ergebnisse feministisch-theologischer Exegese ignorierte, war der Aufprall so heftig. Denn mit einer Bibelübersetzung – das war klar – wurde der Radius einer Milieutheorie weit überschritten.

Der Debatte um die »Bibel in gerechter Sprache« attestierte Hans-Martin Gutmann in *Die Junge Kirche* treffend einen Ton des »intellektuellen Wutanfalls«. (Gutmann, 2007, 5) Normal war das alles nicht. Kaum war das mehrere Kilo schwere Werk 2006 auf dem Markt, brach ein Sturm los, den niemand in dieser Heftigkeit erwartet hatte. Es beteiligten sich solche, die etwas von wissenschaftlicher Bibelauslegung verstehen, und noch mehr von denen, die davon nichts verstehen. Vom ÜbersetzerInnenkreis wurde das Kriterium der Gerechtigkeit, das der Bibelübersetzung zugrunde lag, dreifach ausgelegt: Gerechtigkeit gegenüber Frauen, Gerechtigkeit gegenüber dem christlich-jüdischen Gespräch und soziale Gerechtigkeit. Dass jede Übersetzung in erster Linie versucht, dem Text gerecht zu werden, verstand sich für die mehr als 50 Männer und Frauen, die sich an die Übersetzung gemacht hatten, von selbst. Doch nicht der jüdisch-christliche Dialog, nicht die soziale Gerechtigkeit, sondern das Sichtbarmachen von Frauen in der Gründungsurkunde des Christentums löste den Skandal aus und offenbarte die mentalen Tiefenströmungen deutscher Theologie, die bis weit in die 1960er Jahre hinein theologiefremde Befangenheiten in die exegetische Debatte um die Frauenordination eingetragen hatten. Besonders die Sichtbarkeit von »Apostelinnen« löste eine unvorstellbare Aufregung aus. Es waren doch zwölf Männer! Aber Moment mal, Paulus bezeichnet sich selbst auch als Apostel. Gab es also mehr als die zwölf? Waren vielleicht doch Frauen darunter? Aber sicher, von manchen sind sogar die Namen überliefert. Junia zum Beispiel in Römer 16,7. Und: Ordinieren wir nicht heute auch Frauen?

Ebensolches widerfuhr den Hirtinnen: Der Bochumer Alttestamentler Jürgen Ebach hat die Aufregung um die heute gern als Selbstbeschreibung der männlichen Pfarrerschaft gewählte Metapher aufgespießt: Ihr Einzug in zentrale biblische Texte wie Psalm 23 – der Herr ist mein Hirte – oder die Weihnachtsgeschichte nach Lukas – »und es waren Hirten auf dem Felde« –, löste einen existenziellen Reflex aus: »In einer Situation, in der viele Sicherheiten im gesellschaftlichen Zusammenleben wegbrechen«, wird »jetzt auch noch der vertraute Klang biblischer Worte infrage gestellt.« Es ging nicht eigentlich um Exegese, sondern um die »Durchbrechung eines patriarchalen Regelsystems«, bei der »alles durcheinandergewirbelt wird, was hübsch am Platz bleiben sollte«. (Gutmann, 2007, 9)

Die Heftigkeit der Debatte kam dem Sturm der Entrüstung gleich, den einst die Übersetzung Martin Luthers ins Deutsche ausgelöst hatte. Nur dass sich die Verhältnisse nun gedreht hatten. Das reformatorische Schriftprinzip schien für manche nicht mehr zu lauten: *sola scriptura*, allein die Schrift; sondern *solus lutherus*, allein Luther – und seine Übersetzung.

Der Rat der EKD, dem keine kirchenrechtliche Entscheidungshoheit über liturgische Fragen zukommt, sah sich genötigt, vom gottesdienstlichen Gebrauch der neuen Bibel abzuraten. Sehr konservative Theologen sahen gar einen Verstoß gegen das Bekenntnis vorliegen.

Nicht unwesentlich für die Aufregung war die Tatsache, dass der neuen Bibel auch noch ein kommerzieller Erfolg beschieden war und dass, wie zwei hohe Kirchenfunktionäre konstatierten, sich die »Neigung, die ›Bibel in gerechter Sprache‹ liturgisch in Gebrauch zu nehmen, … landauf, landab … nicht übersehen ließ«. (Barth/Kähler, 2007, 13)

Wie kurz ist doch das Gedächtnis in den Kirchenleitungen. Oder wie war das mit der Synode der EKD von 1989? Hatte sie nicht beschlossen, die »theologische Frauenforschung« – das F-Wort durfte im Abschlusstext nicht ausgesprochen werden – zu fördern? Doch damals ging es nur um die Anfänge, es ging um Förderung einer zarten Pflanze. Eine Zielbestimmung oder Begrenzung auf bestimmte Räume kirchlicher Praxis oder theologischer Theoriebildung war nicht vorgesehen. Hatten manche vielleicht auf Untätigkeit gehofft oder darauf, dass das feministische Milieu sich schon selbst zerlegen würde? War niemand darauf gefasst, weil das wissenschaftliche Milieu, aus dem die Bibelübersetzung stammte, »für die Machtgleichgewichte an theologischen Fachbereichen in Deutschland keine Gefährdung darstellte«, wie Hans-Martin Gutmann analysierte? Jedenfalls wäre für die Führungsgremien der EKD vor dem Aussprechen des »Ideologie-Bannes« ein Blick in den 20 Jahre alten Beschluss hilfreich gewesen. Woher dieses Entsetzen, wenn das Erscheinen einer feministisch-theologischen Bibelübersetzung auf der Linie der eigenen Beschlüsse lag?

Schluss mit den Scheingefechten

Die Langzeitwirkungen dieser an Hysterie grenzenden Reaktion auf das Erscheinen einer neuen Bibelübersetzung sind noch nicht zu überblicken. Berechtigter Kritik stand der keineswegs homogene Übersetzer- und Übersetzerinnenkreis offen gegenüber, ja, übte sie auch selbst. Doch nach der desaströsen Entgleisung der Diskussion steht zu vermuten, dass die notwendige und kritische Auseinandersetzung innerhalb der Feministischen Theologie unterbleibt. Genau wie der anstehende Generationenkonflikt, der sich im weltlichen Feminismus in der scharfen Kritik junger Frauen an Alice Schwarzer und bestimmten feministischen Axiomen zeigt und der in Kirche und Theologie bislang unterbleibt. Wann immer Tagungen und Diskussionen über kirchlichen und theologischen Feminismus stattfinden, sitzen die Frauen aus unterschiedlichen Generationen einträchtig beieinander und versäumen es, das frauenemanzipierende Denken zeitgemäß voranzutreiben. Der Druck, den ein von Männern und manchen Frauen geleitetes Establishment ausübt, verhindert jene Korrekturen, die es selbst einfordert. Der permanent gegen die Feministische Theologie vorgebrachte Ideologie-Vorwurf kommt einer Aufforderung gleich, in die Schützengräben zu springen und von dort aus zu schießen. Es ist aber kein Krieg. Vielmehr spielen sich Scheingefechte ab, in denen die Feministische Theologie an ihrer Weiterentwicklung gehindert wird.

7. Frauen führen die Kirche – Den Point of no Return erreichen

Die Frauenfrage ist noch offen

Frauen in der Kirche, die um ihre Emanzipation kämpfen, sind, wie wir vorhin gesehen haben, keine Erscheinung der 68er, die wieder verblassen wird. Frauenemanzipation hat in der Kirche eine mindestens ebenso lange Tradition wie die liberale Theologie.

Zu allen Zeiten rückten bestimmte Themen in das Epizentrum der Kirche und lösten dort Reformen aus: Im 16. Jahrhundert war es die Reform der kirchlichen Lehre, die wir unter dem Namen Reformation kennen, im 17. und 18. die Reform des Lebens, für die es die Bezeichnung Pietismus gibt. Das 19. Jahrhundert brachte die noch heute nicht abschließend beantwortete Frage nach dem Glauben in der Moderne auf. Liberale und aufgeklärte Theologie nahm ihren Anfang. Die sogenannte Frauenfrage erschien schon am Horizont und stieg im Laufe des 20. Jahrhunderts zu einem Reformthema auf, das sich wie die anderen Themen zuvor daranmachte, die evangelische Kirche zu verändern. In diesem Prozess steckt die Kirche noch immer. Ein Name für dieses Zeitalter zeichnet sich noch nicht ab. Aus der Vogelperspektive ist leicht zu erkennen, dass die Frage nach der Hälfte der Menschheit kein partikulares Problem und keine Spezialtheorie für eine bestimmte Gruppe sein kann. Genau das wäre auch von der reformatorischen, der pietistischen oder der liberalen Theologie zu behaupten. Theologische und kirchliche Entwicklung vollzieht sich heute rasanter als in vorigen Jahrhunderten. Wir leben in der Gleichzeitigkeit des Ungleichzeitigen, in der kollektive Interessen rasant in Untergruppen zerfallen. Das darf nicht darüber hinwegtäuschen, dass die adäquate, vorurteilsfreie Teilhabe von Frauen, egal welcher sexueller Orientierung oder sozialethischen Ausrichtung, an allen kirchlichen und theologischen Prozessen, auch in den protestantischen Kirchen, noch keine Selbstverständlichkeit ist. Es gibt Widerstände, Rückschläge und Ängstlichkeiten. Es gibt den Alarmismus der Hüter eines männerdominierten Status quo, der weiß, dass ein als unveränderbar geglaubtes System angeschlagen ist.

Das unverschämteste aller hilflosen alarmistischen Argumente ist das von der gesellschaftlichen Marginalisierung der Kirchen durch Frauen in Führungspositionen. Argumentationen dieser Art machen die Ängstlichkeit offenbar, die einige Männer, aber auch Frauen bei der Veränderung gesellschaftsprägender, kultureller Muster überfällt. Werden die Ängstlichen gefragt, wovor sie sich fürchten, kommt reflexhaft die Antwort: »Ich habe keine Angst!« Sie erinnert an einen Sketch aus der Sesamstraße, in dem Grobi mit schlotternden Knien durch den Wald läuft, die Angst laut wegsingend und sich vor jedem Schmetterling zu Tode erschreckend. Würde gesellschaftliche Marginalisierung der Religion durch Frauen in Führungspositionen beschleunigt, müsste das Ansehen der römischen und orthodoxen Kirche ungleich höher sein. Nach der Aufdeckung der Missbrauchsskandale im Frühjahr 2010 dürfte das Gegenteil der Fall sein. Und es würde vorausgesetzt, dass andere gesellschaftliche Bereiche unverändert und starr blieben. Auch hier ist das Gegenteil der Fall. Anderswo verläuft die Entwicklung viel rasanter als in der Kirche. Beispiel Medizin: Die Medizinstudentinnen heute werden sich morgen nicht mit den Assistenzarztstellen abfinden. Beispiel Wirtschaft: Die Abstände, in denen das Thema Frauenquote in den Führungsetagen der Wirtschaft diskutiert wird, verringern sich. Die Kirche muss aufpassen, dass sie den Anschluss nicht verliert. Schon heute ist der Anteil der Frauen in den Führungsetagen großer Autokonzerne mit der Kirche vergleichbar, obwohl die Zahl der Ingenieurinnen weitaus geringer ist als die der Pfarrerinnen.

Agentinnen des Wandels

Es wird keinen Rückwärtsweg geben. Menschen, die einmal die Freiheit erfahren haben, lassen sich nicht wieder einsperren. Das zeigt die Freiheitsgeschichte Osteuropas. Auch in den arabischen Gesellschaften wird sich nicht wieder der Status quo der Vorrevolution einstellen. Frauenemanzipation wird sich nicht zurückdrehen lassen – aber sie ist ein Mehrere-Jahrhunderte-Projekt, der letzte große Schritt der Aufklärung.

Die Vorstellungen von Männlichkeit und Weiblichkeit sind das festeste Bollwerk der Voraufklärung. Noch ist nicht ausgemacht, dass die Verwirklichung von Geschlechtergerechtigkeit in Theologie und Kirche nur noch eine Frage der Zeit ist – ein Blick in die Bruderkirchen genügt, um Zweifel zu haben. Freilich, den Wirkungen der Moderne werden auch sie sich nicht entziehen können.

Denn Marginalisierung droht der Religion nicht durch die öffentliche Präsenz von Frauen, sondern – ganz im Gegenteil – durch die Abwesenheit von Frauen. Wie Peter L. Berger und Anton Zijderfeld (2010) gezeigt haben, gibt es zwei Grundreaktionen auf die pluralisierende, relativierende und deinstitutionalisierende Wirkung der Moderne. Entweder gehen die Akteure den Weg des Dialogs, der zwangsläufig mit der Relativierung der eigenen Position einhergeht, oder sie wählen den Weg des Fundamentalis-

mus, der eine längst brüchig gewordene Tradition neu auf-
leben lässt und als zeitlose Positionierung behauptet, wohl
wissend, dass es keine zeitlose Tradition gibt. Den schmalen Grat zwischen beiden Reaktionen auf die Moderne
markiert eine Politik der Mäßigung, die eingesteht, dass je-
weils neu entschieden werden muss, welche Position heute
angemessen ist.

Auch die Kirchen, in denen Frauen (noch) nicht zu den
geistlichen Ämtern zugelassen werden, müssen den schmalen Grad der Mäßigung betreten, wenn sie nicht einer fun-
damentalistischen Marginalisierung anheimfallen wollen.
Männerkirchen werden die Kontaktflächen verlieren zu
denen, für die sie eigentlich da sein wollen.

Wir gehen auf Zeiten zu, von denen wir nicht wissen, ob die
Kirchen in ihnen überleben werden. Die evangelische Kirche, wie wir sie kannten, wird es in wenigen Jahrzehnten
nicht mehr geben. Der Wandel ist genauso gewiss, wie vieles andere ungewiss ist. Die Frage ist nur – kann Kirche den
Wandel gestalten oder wird sie gestaltet? Ohne gutes Füh-
rungspersonal wird es nicht gehen und dieses wird zu mehr
als 50 Prozent aus Frauen bestehen. Die Kirche heute kann
sich aussuchen, ob sie sich schon jetzt darauf einstellt, oder
ob sie den alten Kurs der Trotzdem-Karrieren von Frauen
weiterführt.

Der vor fünf Jahren gestartete Reformprozess der EKD
hat das Thema Führung inzwischen immerhin entdeckt.
2009 fand ein Workshop »Führung und Leitung« statt.
(epd-Dokumentation 14/2009)

Es referierten zwei Frauen und zehn Männer. Dem Anteil der Pfarrerinnen angemessen wären vier Frauen und
acht Männer, am Verhältnis der kirchlich Beschäftigten gemessen, wären vier Männer und acht Frauen richtig gewesen. Der Workshop war ein Symptom für die Lücken in der
Wahrnehmung von Wirklichkeit in den Führungsetagen

des Protestantismus. Allerorten, selbst in der Wirtschaft, wird über die Frauen in Führung und die zukünftige gleichberechtigte Führungsstruktur gebrainstormt, konzipiert, mentoriert und monitorisiert, nur in der evangelischen Kirche wird ein Workshop zum Thema Führung ganz vorbei an diesem Thema gestaltet. Nicht dass der Workshop nicht auch Wichtiges zutage gefördert hätte, zum Beispiel, dass der »Kampf um Talente unter Haupt- und Ehrenamtlichen« längst tobt. Wer aber auf dem Auge der Geschlechterthematik blind ist, hat den Kampf schon von vornherein verloren, weil ihm das strategische Thema, an dem sich die Zukunftsfähigkeit der Institution entscheiden wird, entwischt ist. Wenn nicht korrigiert wird, ist das ein Fehler mit Langzeitwirkung.

Wohin führen Frauen die Kirche?

Was wird sich ändern, wenn die Führungspositionen zu mehr als 50 Prozent von Frauen ausgefüllt werden? Es wird die eine oder andere Fensterrede weniger geben, weniger missionarisches Projektgetöse, dafür mehr Aufmerksamkeit für die seelsorgerliche Funktion der Kirche für die Menschen und in der Gesellschaft. Der Blick auf die, die da sind, wird schärfer werden. Es wird mehr Geburtstagsglückwünsche und andere Aufmerksamkeiten geben. Es wird mehr Fortbildung geben, denn Frauen bilden sich fort, Männern nehmen es sich nur vor. Es kommt die seelsorgerliche Kirche. Was ist daran bedrohlich? Es könnte die Kirche sein, die Dietrich Bonhoeffer in einem Text, erschienen in »Widerstand und Ergebung«, vorschwebte: eine Kirche, die »nicht mehr die eigenen Leiden, sondern das Leiden Gottes in der Welt ernstnimmt«. (Bonhoeffer, 1990, 195)
Bonhoeffer dachte an eine Kirche, die sich vollständig in die Welt hineinbegibt und dort zur Stelle ist, wo Menschen

Anwaltschaft und Seelsorge brauchen. Zu überlasteten Müttern Kontakt aufzunehmen wäre in einer solchen Kirche mühelos möglich und nicht Gegenstand groß angelegter Strategien.

Aber aufgepasst: Eine Mehrzahl von Frauen oder wenigstens ein ausgeglichenes Verhältnis von Frauen und Männern in Führungspositionen ist keine Garantie für die Qualität kirchlicher Arbeit. Lange wird es nicht mehr um Zahlen gehen, um pure Quantität. Jetzt schon geht es um Qualität und da ist auf allen Seiten viel zu tun. Während Frauen weiter lernen, Führung zu übernehmen, müssen sich die Bedingungen genau dafür Schritt für Schritt verbessern. Unter Frauen wie Männern gehen die Auffassungen darüber auseinander, wohin Geld fließen soll und wo wie viel Personal eingesetzt wird. Der eine oder andere kleinere oder größere Zickenkrieg ist vorprogrammiert, wenn er nicht schon heute stattfindet. Kirche wird sich daran gewöhnen müssen, dass Meinungsverschiedenheiten auch unter Frauen ausgetragen werden. So manch eine Verfechterin der globalen Frauensolidarität wird sich die Augen reiben, wie viel Konkurrenz zwischen den Frauen existiert. Es besteht sogar die Gefahr, dass sich statt der *Old-Boys*-Netzwerke *Old-Girls*-Strukturen herausbilden.

Ich weiß nicht, ob es so kommt, niemand weiß es, weil jeder Kurs auf Veränderung ungewiss ist und neben allen Chancen auch Gefahren birgt. Aber aus purer Angst vor Veränderung alles beim Alten zu belassen ist erstens ganz unevangelisch und zweitens unchristlich. Unevangelisch, weil die Umkehr, die Befreiung von altem Ballast das Reformationsversprechen ist, und unchristlich, weil die Welt, in der wir leben, den Weg der Versöhnung noch vor sich hat. Das Festhalten und der Stillstand sind keine christlichen Tugenden.

Die traditionellen Milieus sind in der Kirche stark, in der Gesellschaft nimmt ihre Kraft ab. Um der Zukunft der Kir-

138

che willen muss der Mechanismus ausgesetzt werden, der jede Veränderung meidet, die in den Traditionskreisen auf Skepsis stößt. Die Chancen, die für Kirche darin liegen, Anschluss an die moderne Frauendebatte zu finden, sind ungleich größer als die Gefahren. Pfarrerinnen, Juristinnen, Gemeindepädagoginnen, Diakoninnen sind Agentinnen des Wandels. Das Ziel ist, statt des alten, zerbrochenen Trios Kinder, Küche, Kirche ein neues Trio attraktiv zu machen, das zwar keine Alliteration ist, aber realistisch: Beruf, Familie, Glauben.

Worüber muss geredet werden? Was ist zu tun? Ein Rezeptbuch gibt es nicht. In Zeiten der Ungewissheiten und Ungleichzeitigkeiten gibt es kein klassisches richtig oder falsch. Aber wie bei der Vereinbarkeit von Familie und Beruf gibt es ein paar Stellschrauben, an denen gedreht werden kann, zum Teil schon gedreht wird und mutig weitergedreht werden sollte.

Sieben Stellschrauben für eine Neujustierung der Kirche

Wandel in Frauenköpfen und Männerköpfen. Die erste und wichtigste Stellschraube für den Wandel befindet sich in den Köpfen der Frauen selbst. Außer Bascha Mika wird keine behaupten wollen, die Feigheit sei die vornehmste aller weiblichen Eigenschaften. Die Befreiung von den hinderlichen Selbstzweifeln kann nicht verordnet werden, aber eine unheilbare Krankheit sind sie auch nicht. Im Gegenteil: Sie sind durch Selbstüberwindung und Mut ganz gut therapierbar. Die Methoden des *empowerments* sind in anderen Weltregionen wirksam, ihre Hebelkraft können sie auch hierzulande noch stärker entfalten.

Schon bin ich wieder bei Margot Käßmann und was von

ihr zu lernen ist: Die Kirche ist ein Kräftefeld, und wer wirken will, muss Kraft entfalten. Sie hat mit großem Geschick das Kräftefeld der evangelischen Kirche ausgemessen. Sie hat Chancen ergriffen, die sich boten, und sie hat sich auf die fast unzumutbaren Bedingungen kirchlicher Leitungskultur eingelassen. Leistung allein ist jedenfalls kein ausreichender Navigator im kirchlichen Feld. Das zeigen auch Umfragen unter denjenigen, die sich im Pfarramt als Reformer und Kommunikatoren verstehen. Sie glauben, dass »Durchsetzungskraft« das Mittel ist, um in der Kirche etwas zu verändern. Das steht nicht nur im krassen Widerspruch zu den theologischen Leitplanken vom gegenseitigen Dienst, sondern auch im Widerspruch zur guten alten Leistung. Weder auf den Dienst noch auf die Leistung ist Verlass, sondern auf Durchsetzungsvermögen.

Inzwischen sind es nicht nur Frauen mit ihrem passiven Widerstand gegen die momentane kirchliche Führungskultur, sondern auch Männer, die sich nicht vorstellen mögen, in den Verschleißmühlen kirchlicher Führungsarbeit ein Leben minderer Qualität zu leben. Aber daraus den Schluss zu ziehen, warten wir erst einmal ab, bis die anderen etwas verändert haben, ist verantwortungslos. In den kommenden 10 bis 20 Jahren wird es für viele Frauen darauf ankommen, den Moment nicht zu verpassen, in dem das Sprungbrett kommt. Und wenn es da ist, auch zu springen. Die Probleme der Vereinbarkeit mit dem Familien- und Privatleben, die Schwierigkeiten mit einer Kultur, die Anwesenheit und Leistung in eins setzt, und vieles andere wird sich nicht gleich auflösen lassen. Aber wer gar nicht erst anfängt, kommt zu keinem guten Ende.

Ohne die kritische Masse von Frauen in Leitungspositionen wird sich das Image der Institution nicht verändern. Bei welcher Zahl oder Qualität sie genau liegt, lässt sich nicht mit Bestimmtheit sagen. Es kann sein, dass die evangelische Kirche kurz vor diesem Point of no Return steht –

aber nur, wenn Frauen bereit sind zu sagen: »Ja, ich verzichte auf zeitliche Ressourcen und gebe ein Stück Selbstbestimmung über meine eigene Zeiteinteilung auf.« Dieser Point of no Return wird auch nur dann erreicht, wenn der Jo-Jo-Effekt gestoppt wird. Nach jeder Frau wieder ein Mann im Amt – so wird es nichts mit der Geschlechterparität. Es ist darum erfreulich, dass Maria Jepsen in Hamburg in Kirsten Fehrs eine bischöfliche Nachfolgerin gefunden hat und dass der westfälische Präses Alfred Buß von Annette Kurschus abgelöst wird.

Der Wandel in den Frauenköpfen ist das eine. Der Wandel in den Männerköpfen das andere. Der ist nur zu organisieren durch Allianzen mit Männern, für die Frauenordination nicht nur ein Lippenbekenntnis ist, sondern in allen Konsequenzen gelebt wird. Da sind zum Beispiel die schwierigen ökumenischen Beziehungen. Die ausschließlich von männlichen Theologen jenseits der Lebensmitte geführten Kirchen mögen es nicht, wenn sie mit evangelischen Theologinnen in verantwortlichen Positionen reden müssen. Allianzen müssen mit Männern geschmiedet werden, die auch ohne Aufforderung die Frauenordination verteidigen, und solchen, die die ökumenischen Beziehungen deswegen auch mal aufs Spiel setzen. Kirchenspaltungen und Eiszeiten sind schon wegen geringfügigerer Differenzen riskiert worden.

Glaubwürdigkeit im eigenen Haus. Wann der Point of no Return erreicht wird, hängt auch von den außerkirchlichen Bedingungen ab. In kaum einem anderen Politikfeld hat es seit der Jahrtausendwende so große Veränderungen gegeben wie in der Familienpolitik, und alles spricht dafür, dass das in den kommenden Jahrzehnten so bleibt. Je länger je mehr werden die gut ausgebildeten Frauen als Reservoir hochqualifizierter Arbeitskräfte in den Arbeitsmarkt hineingezogen werden. Für Kirche heißt das: Die Bedingungen für die berufliche Arbeit junger Frauen in der Kirche müssen erheblich attraktiver werden. Das Finanzielle ist nicht unbedingt das Wichtigste. Die postmaterialistischen Milieus achten schon heute mehr auf Lebensqualität, auf *Work-Life-Balance.* Kirchliche Krankenhäuser brauchen Ärztinnen, kirchliche Rechnungsämter Finanzfachfrauen und die Gemeinden brauchen Pfarrerinnen. Die evangelische Kirche tut gut daran, durch Umsetzung eines vernünftigen *GenderMainstreaming* gerade in den hochverrechtlichen Bereichen der Beschäftigung mutig voranzugehen und nicht abzuwarten, bis ein Gesetz oder eine Gewerkschaft die kirchlichen Regelungen aushebelt. Ein erster Schritt wäre, die vorhandenen Gleichstellungsgesetze mit entsprechenden Sanktionen zu bewehren – wo sie nicht eingehalten werden, muss das Auswirkung auf die Zuweisung von Mitteln haben. Den Beauftragten mit den wohlklingenden Namen »Gleichstellung« und »Gender« kann nicht die Last aufgebürdet werden, die Nichteinhaltung stets in Klageform vorzubringen.

Glaubwürdigkeit im eigenen Haus ist die Voraussetzung öffentlicher Anwaltschaft für überlastete Mütter und verarmte Familien. Auch im Bereich von Theologie wartet Arbeit, fast bin ich versucht zu sagen: Wiedergutmachungsarbeit für all die Zeit, in denen die Kirche den Frauen genau zwei theologische Existenzmodelle angeboten hat – Mutterhausfrau oder Diakonisse.

Es wäre ein lohnendes Ziel, wenn eine Generation weiter Führungsfrauen sich nicht mehr als Vatertöchter, sondern als Töchter berufstätiger Mütter verstehen würden. So etwas könnte dann auch im großen dicken Katechismus stehen, der christlichen Familien Orientierung geben will. Dort sollte dann auch gleich eine neue Familienethik entwickelt werden, die Frauen – und Männern –, die beide berufstätig und fröhlich Eltern sein wollen, kein schlechtes Gewissen, sondern Mut macht und sie mit Argumenten ausrüstet. Da ist Streit vorprogrammiert, weil in der evangelischen Kirche jene Milieus stark sind, die die alten Modelle leben und verteidigen. Das macht nichts. Lieber streiten, als stillschweigend zulassen, dass der Familienbegriff einseitig von Kreisen in Anspruch genommen wird, die Frauen nur beschränkte Verfügungsmöglichkeiten über ihr eigenes Leben zugestehen wollen.

Erinnerungspolitik gestalten. Auf dem Weg zum Point of no Return ist ab und zu ein Rückblick sinnvoll, aber ein vollständiger, der nicht selektiert. Seit mehr als 100 Jahren treten Frauen in der evangelischen Kirche öffentlich auf – und sie sind die Mehrheit bei den Beschäftigten und bei den Ehrenamtlichen. Es ist nur noch der letzte Schritt, die Angleichung der Führungsstruktur an diese bewährte Realität, der noch aussteht. Davor braucht niemand Angst zu haben, frei nach dem vielzitierten Satz der Schriftstellerin Djuna Barnes: »Wie sollte etwas vor die Hunde gehen, solange es Frauen gibt?« (Sie ist mit dieser Einstellung immerhin 90 Jahre alt geworden.)

Natürlich verraucht der Zorn auf all die Jahrzehnte der Verhinderung, der Zurücksetzung, der geringeren Bezahlung, der Dienstbereitschaft nicht einfach. Aber all die christlichen Frauenrechtlerinnen, die Gemeindehelferinnen, Pfarrfrauen und Pfarramtssekretärinnen und Vikarinnen sind auch ein gewaltiges Reservoir, um Selbstbewusstsein zu schöpfen. Sie waren die Agentinnen des Wandels, und sie haben eine sensible Erinnerungskultur verdient. Mit dem Schatz dieser Lebens- und Leidensgeschichten muss Erinnerungspolitik gemacht werden. Das stärkt die, die heute in der Kirche leben und arbeiten.

Wie erfolgreich das sein kann, zeigen die Aktivitäten des Historikers Manfred Gailus, der unermüdlich dafür gesorgt hat, dass seine spektakulären historischen Kenntnisse über die mutige Vikarin Elisabeth Schmitz an die Öffentlichkeit gelangen. Inzwischen ist die Kämpferin gegen die Verfolgung jüdischen Lebens von der Jerusalemer Gedenkstätte Yad Vashem unter die »Gerechten unter den Völkern« aufgenommen worden. Es war eine Frau, die die Denkschrift gegen die Judenverfolgung verfasst hat. Nach mehr als sieben Jahrzehnten findet das Anerkennung.

Vieles andere harrt noch der Aufdeckung. Zum Beispiel die große Geschichte des Burckhardthauses, dessen Einfluss auf die deutsche evangelische Kirchengeschichte des 20. Jahrhunderts nicht überschätzt werden kann. Wer weiß schon, dass es die Frauen dort waren, die das Format der Bibelarbeiten eingeführt haben, das bis heute ein Kernelement evangelischer Kirchentage ist?

Generationskonflikte wagen. Erinnerungspolitik ist Selbstvergewisserung. Obwohl schon einige mutige und interessante Frauen wiederentdeckt wurden, sind die Vormütter noch immer unbekanntes Land. Sie zu kennen ist aber wichtig, weil Vorbilder anspornen und ermutigen. So weit, so gut. Aber da gibt es noch etwas anderes: Die Auseinandersetzung, den Konflikt, genauer: den Generationenkonflikt. Dass er in der Kirche unter den mehr oder weniger feministisch orientierten Frauen im Prinzip nicht stattfindet, ist, wie gesagt, ein Zeichen für hohen Außendruck. Offenbar besteht die Befürchtung, dass eine Auseinandersetzung untereinander den kirchlichen Feminismus unglaubwürdig machen würde, und deshalb sitzen in den engen Zirkeln der Feministischen Theologie die Generationen einträchtig beieinander und schreiben ihre Geschichte fort – und verfehlen das »Lebensgefühl heutiger Studierendengenerationen«. (Hans-Martin Gutmann). Diese stimmen mit den Füßen ab und bleiben physisch und mental dem feministischen Projekt fern. Das ist ein passiv ausgetragener Generationenkonflikt, der unkontrolliert stattfindet und nicht zu steuern ist. Die zartbittere Haltung der Älteren, die da sagt: »Na wartet, Ihr werdet schon noch die gläsernen Decken zu spüren bekommen, und dann werdet Ihr schon sehen, dass wir recht hatten«, ist ein Mix aus Enttäuschung und Erpressung.

Die Auseinandersetzung mit manchen Blüten der 1970er- und 1980er Jahre müsste aber stattfinden, auch um wertschätzen zu können, was in diesen Jahren von Frauen erstritten wurde, und um den Blick dafür frei zu bekommen, was noch zu tun ist. Das wird weniger in geschützten Frauen-Sonderräumen passieren, in denen – angeblich – herrschaftsfrei diskutiert wird, sondern in der offenen Arena. So weit sind wir Frauen. Genau dort können wir inzwischen selbstbewusst stehen. Dies nicht als Verrat an der feministischen Sache, sondern mit Stolz als Ergebnis eines jahrelangen, erfolgreichen Kampfes zu präsentieren ist der Schwenk, der in manchem, nicht nur kirchlichen Frauenkopf gelingen müsste.

Die Kulturtheologin und Publizistin Petra Bahr hat eingestanden, dass ein »unausgetragener theologischer Generationenkonflikt« existiert, festgemacht an der Frage nach Dorothee Sölle. Es verwundert, dass sie das Gespräch mit der Ikone feministischer Befreiungstheologie zu deren Lebzeiten nicht gesucht hat. Vielleicht, weil Sölle von ihren Elevinnen viel zu dicht umstellt war. Mit diesen hat Bahr sich auseinandergesetzt. In einem flüchtigen Interview in der *taz* deutet sie die Richtung an, in die zu gehen sich lohnen würde, um den Konflikt mit den Feministinnen der 1970er- und 1980er Jahre offenzulegen: Die zu schnelle Verknüpfung von theologisch-spirituellen Überlegungen mit politischen Konsequenzen. »Kritisches Fragen war in feministisch-theologischen Kreisen nicht unbedingt gewollt.« Das hat, so Bahr, viele jüngere Frauen dazu verleitet, sich auf das »harte theologische Schwarzbrot von Luther über Schleiermacher und Hegel bis Kant gar nicht mehr einzulassen. Waren ja alles Kerle.« (Feddersen/Gessler, *TAZ*, 3.6.2011)

Der kirchliche Feminismus braucht ein neues Projekt und das Neuausmessen des Verhältnisses von Theologie, Spiritualität und Politik könnte eines sein, das auch zum Lebensgefühl heutiger Studierendengenerationen passt.

Kritische Theorie der Spiritualität. Als eine der größten Zukunftsbedrohungen einer weiblich geführten Kirche wird bisweilen, salopp gesagt, die »gestaltete Mitte« angesehen. Nein, auch männliche Kollegen bedienen sich dieser Raumgestaltung mit bunten Tüchern und weißen Kerzen, und ich kenne ein Dutzend Frauen, bei denen die so gestaltete Mitte Stirnrunzeln erzeugt. Im Übrigen kommt diesem Stilinstrument, das besonders in der Verbindung mit dem Stuhlkreis Wirkung entfaltet, genauso viel Legitimität zu wie dem unbeweglichen Sitzen in starren Bankreihen, wenn Gott mit Singen und Tanzen gelobt werden soll.

Wie in der Kirchenpolitik, so ist es auch in der Spiritualität: Frauen brauchen Freiräume und Formen, die sie selbst bestimmen. Aber wenn das Verhältnis von Theologie, Spiritualität und Politik neu vermessen werden soll, ist es wichtig, die Formen zu überprüfen. Die »U30-Theologin« Julia Koll hat das getan und möchte das ganze Programm von Gebärden, Tanz und Maria einer »kritischen Theorie der Spiritualität« unterziehen. »Bezeichnenderweise«, so hat sie erkundet, »ist das vorherrschende Anliegen von Teilnehmerinnen an spirituellen Angeboten heute: ›zur Ruhe kommen‹, ›Kraft schöpfen für den Alltag‹. Wieso gerade Frauen oft so erschöpft sind, spielt dabei keine Rolle, wieso gerade Frauen das Bedürfnis haben, endlich zufriedener zu sein, ruhiger zu werden, ebenso wenig.« (Koll, 25/26 2011, 48)

Die potenziell reiche Erfahrungswelt der Spiritualität läuft damit Gefahr, funktionalisiert zu werden – als Tranquilizer oder Tankstelle oder beides. Solange es Bücher gibt, die »Königin und wilde Frau« heißen, wie das von Anselm Grün und Linda Jarosch, die die mentale Landschaft der Frau und Mutter vermessen, in denen die harte Welt des Berufsalltags, die Schrunden und Wunden einer zerstückelten Biografie, gläserne Decken und unflexible Arbeitszeiten kaum vorkommen, solange wird Spiritualität von Frauen eine »Nische« bleiben, »die den gesellschaftlichen Status quo kompensatorisch stabilisiert«. (Koll, 25/26 2011, 49)

Auf Dorothee Sölle kann sich eine feministische Nischenspiritualität nicht berufen. Die wehrte sich zeit ihres Lebens gegen eine »Vergötterung der Unmittelbarkeit« und grenzte sehr hart die wahre von der falschen Mystik ab. »In diesem Diskurs gewinnt die Unmittelbarkeit der Erfahrung eine Art von Verklärung, als sei sie, weil direkt von oben kommend, schon per se das ganz Andere.« (Sölle, 2007, 79) Das heißt, die Erfahrung allein, die eine Frauengruppe macht, die sich um eine gestaltete Mitte herum versammelt, ist noch nicht die Entdeckung des Glaubens. Vielleicht ist sie zunächst nur die Selbsthilfegruppe für Frustrierte und Erschöpfte.

Vielleicht hat die von Koll diagnostizierte Neigung von Frauen zur einer »Spiritualität am Rande« tiefe historische Wurzeln. Frauen waren immer doppelt frei: frei vom Zugang zum sakralen Zentrum kirchlichen Lebens und frei, ihrer experimentellen Erfahrung zu folgen. Deswegen verwundert es nicht, dass die großen Theologinnen des Mittelalters Mysterikerinnen waren, Expertinnen für Spiritualität – Teresa von Avila, Hildegard von Bingen, um nur zwei zu nennen. Als Mystikerinnen waren sie frei von der Macht, weit weg vom sakralen Zentrum. Sie lebten am Rand der Kirche, in der Frauennische.

Setzen sich heute unbewusst solch uralte Traditionen fort? Auf heute übertragen, und das meint Koll mit der Nischenspiritualität, besteht die Gefahr, dass Frauen sich wiederum am Rand einnisten, obwohl in der evangelischen Kirche der Zugang zur Mitte gar nicht mehr versperrt ist: Am Altar ist der Platz frei für Frauen, nicht im Seitenflügel vom Gemeindehaus. Dorothee Sölle: »Die selbstbezogene, nur im eigenen Kreis sich drehende Grüppchenmentalität fördert Entpolitisierung und Zerstörung jeder Solidarität mit dem Anderen, vor allem dem Schwächeren.« (Sölle, 2007, 76) Hier könnte die Diskussion um das Verhältnis von Theologie, Spiritualität und Politik anfangen.

Konkurrenz und Solidarität. Zum Wandel in den Köpfen gehört auch der Abschied von der Idee einer ursprünglichen Solidarität aller Frauen untereinander. Die vertraute Denkfigur, dass Frauen anders sind als Männer und dass das ein Grund zur Solidarität sein soll, muss überprüft werden, zumal in der Kirche, wo die biblischen Frauengestalten von Mirjam, der Schwester des Mose, von Elisabeth und von Maria, die einen Hochgesang auf die Gedemütigten anstimmt, eine Leitfunktion haben.

Denn: Welche Frau im Berufsleben profitiert von dieser Denkfigur? Im beruflichen Alltag werden Frauen heute mit Konkurrenzsituationen konfrontiert, die nicht durch das Paradigma der Frauensolidarität abgedeckt sind. In vielen Gremien finden sich Frauen in kirchlichen Führungspositionen als einzelne weibliche Person wieder. Die Strategien, sich Respekt zu verschaffen, sind auf diese geschlechterpolitische Unwucht ausgerichtet.

Wenn sich Frauen dann doch einmal als Konkurrentinnen begegnen, sind keine Verhaltensmuster ausprobiert, geschweige denn eingeübt, mit dieser Situation umzugehen. Das Paradigma von der vorgängigen Frauensolidarität trägt in diesen Situationen nicht.

Es ist auch die Angst vor solchen Situationen, die Frauen vor Führungspositionen zurückschrecken lässt. Die kirchliche Führungsfrau und Organisationsberaterin Hanna Zapp war fröhlich mit der Idee fester Frauennetzwerke und verlässlicher Solidarität gestartet, bis sie zu spüren bekam, dass sich die Konkurrentinnen nicht viel zu sagen hatten. »Es gab Neid und Konkurrenz, ein ›Kleinreden‹ und ›Unsichtbarmachen‹ der Erfolge von Frauen. Dies erlebten wir durchaus in mehreren Perspektiven und Rollen, nicht nur als Opfer.« (Zapp, 2009, 215) Das Eingeständnis, auch Frauen konkurrieren, fällt schwer, nicht nur im kirchlichen Bereich.

Selbst Thea Dorn fällt nichts Besseres ein, als der alte Aufruf: »Frauen aller Charaktere, vereinigt euch!«, wenn sie lakonisch konstatiert: »Solange die Mädels ihre Kräfte publikumswirksam im ›Zickenkrieg‹ verschleißen, besteht keine Gefahr, dass sie tatsächlich die Macht übernehmen.« (Dorn, 2006, 21)

Nun wird ja allerorten der konstruktive Streit für gut befunden. Wo genau er funktioniert, weiß niemand so richtig. Bis das herausgefunden ist, sollten Kirchenfrauen dort solidarisch sein, wo sie es mit gutem Gewissen sein können, Allianzen bilden mit älteren Frauen, von denen sie etwas lernen können, oder mit jüngeren Frauen, die sie fördern wollen. Das heißt in der Fachsprache Mentoring, das bisher erfolgreichste Konzept der Frauensolidarität. Und dazu gehören lockere Netzwerke, die genug theologische Luft und kirchlichen Raum lassen für das eigene Leben.

Qualität und Quote. Doch Mentoring allein reicht nicht. Es ist wie überall. Wenn die sogenannten Maßnahmen nicht im Bündel auftreten, bewirken sie nichts. Mentoring tut niemandem weh. Die Quotierung von Leitungspositionen schon. Da geht's ans Eingemachte, ans Eingewöhnte und vor allem an die Zerstörung einer Grundillusion der Industriegesellschaft – dass allein die Leistung zählt.

Der Protestantismus hat viele gute Erfahrungen mit Quoten. Die Anzahl der Laien darf in keiner Kirchenleitung die Anzahl der Theologinnen deutlich unterschreiten.

Auch in den Synoden gibt es klare Quoten für das Verhältnis von Ehrenamt und beruflicher kirchlicher Arbeit. Es gibt reformierte Menschen und lutherische, und für ihre gleichberechtigte Präsenz gibt es in den unierten Kirchen auch Quoten. In der evangelischen Kirche wissen Mann und Frau also, wie es geht. Es ist gar nicht schwer. Und es ist ein Mittel zum Zweck. Der Zweck ist dann erreicht, wenn das Lamento über den Unsinn einer Quote aufhört und die Voraussetzung dafür geschaffen ist, dass Leistung überhaupt verglichen werden kann. Erst wenn nicht mehr über die formale Gleichberechtigung diskutiert werden muss, lassen sich die mentalen, sozialen und politischen Barrieren einer Chancengleichheit für Frauen in der Kirche erkennen und abbauen.

Ein Seitenblick in die Politik zeigt, welche Strategie Erfolg hat, um mehr Frauen in Führungspositionen, aber auch in die Parteien überhaupt zu bringen. Am konsequentesten und mit dem Ergebnis einer formalen Parität haben die Grünen die Gleichstellung in den Spitzenämtern mit einer Quotenregelung durchgesetzt. Wenn auch im grünen Milieu die subtilen Mechanismen der Machtverteilung trotz formaler Parität wirken, ist die Parität zuallererst Voraussetzung, um über wahre Machtverteilung zu diskutieren.

Die Fraktionen im konservativen Spektrum waren mit dem Gedanken der Selbstverpflichtung bei Weitem nicht so erfolgreich. Aber sie sind lernfähig und schwenken um: Selbst die CSU hat 2010 eine 40-Prozent-Frauenquote für alle Ämter auf der Landes- und Bezirksebene beschlossen.

Wann sich in den Synoden der evangelischen Kirche diese Lernfähigkeit einstellt, ist ungewiss. Sie stecken ganz offensichtlich den Kopf in den Sand und überlassen die Quotendebatte dem freien Spiel der Kräfte und warten ab – bis die Kräfte mit der Kirche spielen, anstatt die Kirche mit ihnen.

Das Thema Quote wird die kirchlichen Gremien genauso überrollen, wie die Frauenordination in der Zeit des Zweiten Weltkriegs die theologische Akrobatik zur Verhinderung von Frauen im Amt aushebelte. Klüger wäre es, die Quote jetzt aktiv zu gestalten.

Das Problem mit einer Quote für Frauen in kirchlichen Führungsämtern ist nicht das des komplizierten Verfahrens. Darin sind die Protestanten Meister. Das Problem ist mentaler Art: In der Akzeptanz der Quote steckt nicht nur das Eingeständnis, dass es andere Qualitäten sind als die Leistung, die in die Führungsämter und zum Erfolg führt. Es kommt hinzu, dass der theologische Maßstab des Dienens ebenso entblößt wird. Denn es zeigt sich, dass unter den bisherigen Bedingungen genau diejenigen von der Führung ferngehalten werden, die das mit dem Dienen genaunehmen.

In der Arbeitswelt sind wenigstens drei Argumente gegen die Quote im Umlauf, die auch in kirchlichen Köpfen herumspuken:

Das wichtigste Argument, das die Quote rechtfertigt, wird umgekehrt gegen sie ins Feld geführt: »Den Erfolgen der begünstigten Gruppe ... haftet stets der fade Beigeschmack an, die Stellung durch Bevorzugung, nicht aber vorrangig durch Leistung erlangt zu haben« (Lüttringhaus, DIE ZEIT, 17.2.2011) Da ist sie – die Illusion, es sei die Leistung, die Männer in Führungspositionen bringt. Allerdings: Das Beenden einer Diskriminierung ist noch keine Bevorzugung. Dass ein individueller Mann, der nicht auf Platz 2 kandidieren kann, weil Platz 2 stets ein Frauenplatz ist, das als Zurücksetzung empfindet, mag subjektiv stimmen, ist aber objektiv Unsinn.

Das zweite Argument: »Familienmenschen werden das Nachsehen haben.« »Feierabendväter und kinderlose Frauen« würden an ihrer Karriere feilen, während Frauen – und Männer –, die Kinder großziehen, das Nachsehen haben. Das stimmt allein deswegen nicht, weil kinderlose Frauen nachgewiesenermaßen nicht leichter und nicht automatisch in Führungspositionen kommen. Mit einer Quote ergibt sich überhaupt erst der Druck, nach Frauen zu suchen und nach deren Lebensbedingungen zu fragen. Und dieser Druck kann die anderen Maßnahmen, wie flexible Arbeitszeit, Steuerrecht, Kinderbetreuung, fördern. Chancengleichheit wird sowieso nur im Verbund all dieser Hebel erreicht.

Und das dritte, das »Quotildenargument«: Seit einigen Generationen wachsen Mädchen in dem Bewusstsein auf, dass ihnen die Welt offen steht. Sie halten Quote für peinlich und überflüssig. Von den Benachteiligungen, die Frauen durch das *Gender Wage Gap* und das *Gender Time Gap* haben, erfahren Mädchen entweder nicht oder erst sehr spät und denken, es beträfe sie nicht: »Für mich zählt Leistung, ich bin keine Quotilde.« Darauf antwortet Jutta Allmendinger: »Da müssen sich Frauen einen Ruck geben. Quotenfrau zu sein heißt doch nicht, dass die Leistung nicht da ist. Im Gegenteil: Nur Frauen, die Leistung bringen, können zu Quotenfrauen werden. Und die Gesellschaft wird erst dann feststellen, wie gut Frauen sind, wenn sie in den entsprechenden Positionen sichtbar werden. Ich bin oft in meinem Leben Quotenfrau gewesen. Und kann Ihnen verraten: Die Integrationsphase ist hart.« (Wündrich, SZ, 3.10.2010)

Jutta Allmendinger ist das beste Beispiel dafür, dass die Quote im Gegensatz zu ihrem Ruf sogar zum Talentscout werden kann. Was in der Wissenschaft die Berufungskommissionen und in der Wirtschaft die Vorstände sind, in denen die Jobs verteilt werden, sind in der Kirche die Nominierungsausschüsse. Deshalb hat die kluge nordelbische Frauensynode 2011 eine Quotierung besonders für Nominierungsausschüsse gefordert. Es kommt nicht nur darauf an, unter den Nominierern auch Nominiererinnen zu haben, sondern mehr noch auf die Vorschlagslisten. Eine Quote für Nominierungen schützt vor dem simplen »Wir haben leider keine Frau gefunden«-Trick. Allerdings – den Nominierungsausschüssen des deutschen Protestantismus ist momentan kein Vorwurf zu machen. Sie umgehen die fehlende Quote im Wahlprocedere einfach dadurch, dass sie nur Frauen nominieren. Immerhin haben zwei Bischofswahlen im Jahr 2011 auf diese Weise Frauen in höchste Ämter geführt.

Das sind sieben Stellschrauben, mit deren Hilfe sich die Situation der Frauen in der Kirche justieren lässt. Also: Schraubendreher in die Hand nehmen und mutig an ihnen zu drehen beginnen. Jetzt sage bitte niemand, das sei ein männliches Bild. Eine Frau, die kein Bild an die Wand bekommt, kann auch keine Führungsposition übernehmen. Ich habe einen wunderbaren elektrischen Akkuschrauber, den ich meinen »Frauenakkuschrauber« nenne. Er ist klein und handlich, aber in Wahrheit kann er mehr als die großen, weil mit ihm auch winzige Schrauben in den verstecktesten Winkeln gelockert werden können – oder eben festgeschraubt.

Die kirchlichen Schrauben sitzen sehr fest und es braucht viel Geduld, sie in Bewegung zu bringen. Zwei, drei Umdrehungen sind schon geschafft. Viele Frauen beherrschen das Handwerk. Jetzt kommt es darauf an, weder die Schraube aus dem Auge noch die Geduld überhaupt zu verlieren. Aufrufe à la: »Mädels, krempelt die Ärmel hoch, es ist noch viel zu tun!« scheinen mir aber fehl am Platz. Stattdessen steht am Ende dieses Buches zweierlei: meine Bewunderung für alle Frauen, die tagtäglich emanzipiert und würdevoll leben, und mein liebstes Bibelzitat, Galater 5,1: »Zur Freiheit hat uns Christus befreit! So steht nun fest und lasst euch nicht wieder das Joch der Knechtschaft auflegen.«

Literaturverzeichnis

Bücher und Aufsätze

Allmendinger, Jutta, Verschenkte Potenziale? Lebensläufe nicht erwerbstätiger Frauen, Frankfurt/M. 2010

Bauer, Karl-Adolf (Hrsg.), Predigtamt ohne Pfarramt? Die »Illegalen« im Kirchenkampf, Neukirchen-Vluyn 1993

Bäumer, Gertrud/Lange, Helene, Handbuch der Frauenbewegung, Band 1, Berlin 1901

Berger Peter L./Zijderfeld, Anton, Lob des Zweifels, Freiburg 2010

Bock, Gisela, Nationalsozialistische Geschlechterpolitik und die Geschichte der Frauen, in: Thébaud, Françoise (Hrsg.), Geschichte der Frauen. Bd. 5, 20. Jahrhundert, Frankfurt/M. 1997, 173–204

Bonhoeffer, Dietrich, Widerstand und Ergebung, Hrsg. Eberhard Bethge, 14. Auflage, Gütersloh 1990

Die Frau in Familie, Kirche und Gesellschaft. Eine Studie zum gemeinsamen Leben von Frau und Mann, vorgelegt von einem Ausschuss der Evangelischen Kirche in Deutschland, Gütersloh 1979

Dorn, Thea, Die neue F-Klasse. Wie die Zukunft von Frauen gemacht wird, München 2006

Edding, Cornelia, Die gute Herrschaft – Führungsfrauen und ihr Bild der Organisation, in: Fröse, Marlies W./Szebel-Habig, Astrid (Hrsg.), Mixed Leadership: Mit Frauen in die Führung! Bern 2009, 167–182

Ehrenberg, Birgit, Die Mami-Falle. Das etwas andere Handbuch für glückliche Mütter, München 2006

Evangelischer Erwachsenenkatechismus: glauben – erkennen – leben, hrsg. im Auftrag der Vereinigten Evangelisch-Lutherischen Kirche Deutschlands, 6. völlig neu überarbeitete Auflage, Gütersloh 2000

Fehling, Ursula, Jung, katholisch, feministisch, in: Salzkörner 17. Jg. Nr. 4, August 2011, 5

Frauenforschungsprojekt »Darum wagt es, Schwestern ...« Zur Geschichte evangelischer Theologinnen in Deutschland, 2. Auflage Neukirchen-Vlyun 1994

Fröse, Marlies W./Szebel-Habig, Astrid (Hrsg.), Mixed Leadership: Mit Frauen in die Führung, Bern 2009

Funke, Liselotte, Die Frau in Familie, Kirche und Gesellschaft, Gütersloh 1979

Furian, Hans-Otto, Die Frauen der Notbundpfarrer, in: Schuppan, Erich (Hrsg.), Bekenntnis in Not: die Evangelische Kirche in Berlin-Brandenburg im Konflikt mit dem totalen Staat (1933–1945), Berlin 2000, 148–150

Gailus, Manfred, Elisabeth Schmitz und ihre Denkschrift gegen die Judenverfolgung, Berlin 2008

Gailus, Manfred, Mir aber zerriss es das Herz: Der stille Widerstand der Elisabeth Schmitz, Göttingen 2010

Gailus, Manfred, Protestantismus und Nationalsozialismus: Studien zur nationalsozialistischen Durchdringung des protestantischen Sozialmilieus in Berlin, Köln et al. 2001

Gerhardt, Martin, Ein Jahrhundert Innere Mission, 2. Teil, Gütersloh 1948

Graf, Friedrich-Wilhelm, Missbrauchte Götter: Zum Menschenbilderstreit in der Moderne, München 2009

Greschat, Martin, Begleitung und Deutung der beiden Weltkriege durch evangelische Theologen, in: Thoß, Bruno/Volkmann, Hans-Erich (Hrsg.), Erster Weltkrieg – Zweiter Weltkrieg. Ein Vergleich. Krieg, Kriegserlebnis, Kriegserfahrung in Deutschland, Paderborn et al. 2002

Gutmann, Hans-Martin, Die öffentliche Debatte, in: Junge Kirche, Bibel in gerechter Sprache, 4/2007, 5–12

Harder, Natalie, Meine Mutter – die Frau eines Widerstandskämpfers: Natalie Harder über Käthe Harder, in: Gerda Szepansky, Frauen leisten Widerstand: 1933–1945, Frankfurt/M. 1983

Hein, Adolf, Frauenhülfe und Frauenbewegung, in: Frauenhülfe 11 (1912), 311–320, hier 313f. Abgedruckt in: Kaiser, Frauen, 60–65

Herbrecht, Dagmar/Ehrhardt, Hannelore/Härter, Ilse (Hrsg.), Der Streit um die Frauenordination in der Bekennenden Kirche. Quellentexte zu ihrer Geschichte im Zweiten Weltkrieg, Göttingen 1997

Huber, Wolfgang, Du stellst meine Füße auf weiten Raum, in: epd-Dokumentation 46, 2009, 9–16

Jähnichen, Birgit und Traugott, Hannelotte Reiffen – ein konsequenter Weg in der Bekennenden Kirche, in Hausammann, Susi/Kuropka, Nicole/Scherer, Heike (Hrsg.), Frauen in dunkler Zeit. Schicksal und Arbeit von Frauen in der Kirche zwischen 1933 und 1945, Köln 1996, 49–76

Janowski, Gudrun, theologia gubernationis, in: Peters, Thorsten/Plagen, Achim/Scherle, Peter (Hrsg.), Gottes Profis? Re-Visionen des Pfarramts, Wuppertal 2004, 75–97

Kaiser, Jochen-Christoph, Frauen in der Kirche, Düsseldorf 1985

Käßmann, Margot, In der Mitte des Lebens, Freiburg 2009

Koll, Julia, Spiritualität, in: epd-Dokumentation 25/26 2011, 45–50

Kundrus, Birthe, Kriegerfrauen: Familienpolitik und Geschlechterverhältnisse im Ersten und Zweiten Weltkrieg, Hamburg 1995

Markert-Wizisla, Christiane, Elisabeth Malo. Anfänge feministischer Theologie im wilhelminischen Deutschland, Pfaffenweiler 1997

Matthiae, Gisela/Jost, Renate/Janssen, Claudia/Mehlhorn, Annette/Röckemann, Antje (Hrsg.), Feministische Theologie. Initiativen, Kirchen, Universitäten – eine Erfolgsgeschichte, Gütersloh 2008

Mika, Bascha, Die Feigheit der Frauen. Rollenfallen und Geiselmentalität. Eine Streitschrift wider den Selbstbetrug, München 2011

Perrot, Michelle, Ausbrüche, in: Thébaud, Françoise (Hrsg.), Geschichte der Frauen. Bd. 5: 20. Jahrhundert, Frankfurt/M. 1997

Schatz-Hurschmann, Renate, Eine Frau ist immer im Dienst: Das Leben der Ilse Fredrichsdorff, in: Hausammann, Susi/Kuropka, Nicole/Scherer, Heike (Hrsg.), Frauen in dunkler Zeit. Schicksal und Arbeit von Frauen in der Kirche zwischen 1933 und 1945, Köln 1996, 121–159

Schmidt, Jutta, Die Diakonissenfrage im Deutschen Kaiserreich, in: Strohm, Theodor/Thierfelder, Jörg (Hrsg.), Diakonie im Deutschen Kaiserreich (1871–1918), Heidelberg 1995, 308–333

Schüssler-Fiorenza, Elisabeth, Zu ihrem Gedächtnis … eine feministisch-theologische Rekonstruktion der christlichen Ursprünge, Gütersloh 1988

Sölle, Dorothee, Mystik und Widerstand. »Du stilles Geschrei«, in: Baltz-Otto, Ursula/Steffensky, Fulbert, Gesammelte Werke Bd. 6, »Du stilles Geschrei«. Wege der Mystik, Freiburg 2007

Stöcker, Adolf, Innere Mission und Frauenfrage, Schwerin 1906

Thébaud, Françoise (Hrsg.), Geschichte der Frauen. Bd. 5: 20. Jahrhundert, Frankfurt/M. 1997

Ueberschär, Ellen, Frauen in der Führung der Kirche – das Unmögliche ist möglich, in: Fröse, Marlies W./Szebel-Habig, Astrid (Hrsg.), Mixed Leadership: Mit Frauen in die Führung! Bern 2009, 195–211

Ueberschär, Ellen, Ingeborg Becker. Lehre und Leitung mit Leidenschaft, in: Hüffmeier, Wilhelm (Hrsg.), Protestantismus in Preußen, Bd. 5: Vom Zweiten Weltkrieg bis zur Gegenwart, Frankfurt/M. 2009

Wolf, Carola/Bärend, Hartmut (Hrsg.), Materialien zur Vorbereitung der EKD-Synode 1989, Gemeinschaft von Männern und Frauen in der Kirche, EKD, Hannover 1989

Zapp, Hanna, Frauen in Führungspositionen der Kirchen: Erfahrungen, Thesen, Themen zum Mitdenken, Querdenken und Weiterdenken, in: Fröse, Marlies W./Szebel-Habig, Astrid (Hrsg.), Mixed Leadership: Mit Frauen in die Führung, Bern 2009, 213–222

Quellen

Arbeitsgemeinschaft der Frauen- und Gleichstellungsreferate in der EKD im Benehmen mit der Konferenz der Ausbildungsreferentinnen und -referenten: Empfehlungen zur Vereinbarkeit von Vikariat und Elternschaft, Hannover 2009

Barth, Hermann/Kähler, Christoph, Den biblischen Text übersetzen heißt: ihm dienen. Warum die »Bibel in gerechter Sprache« auf Abwege geraten ist, EKD, 2007

Institut für Wirtschafts- und Sozialethik (Hrsg.), Antworten, Fragen, Perspektiven. Ein Arbeitsbuch zur Befragung der Pastorinnen und Pastoren der Ev.-luth. Landeskirche Hannovers, Hannover 2005

Kirchenamt der EKD (Hrsg.), Zur Situation und Befindlichkeit von Frauen in den östlichen Landeskirchen, Frauenreferat der EKD, Bericht 1995, EKD-Texte 56

Feldhoff, Kerstin, 10 Jahre Gleichstellungsgesetz; abgerufen am 1.1.2009 unter www.frauenreferatekvw.de

Magaard, Gothart/Nethöfel, Wolfgang, Pastorin und Pastor im Norden. Antworten, Fragen, Perspektiven. Ein Arbeitsbuch zur Befragung der Pastorinnen und Pastoren der Ev.-luth. Landeskirche Mecklenburgs, der Nordelbischen Ev.-luth. Kirche und der Pommerschen Evangelischen Kirche, Berlin 2011

Rat der EKD, Die Qualität einer Bibelübersetzung hängt an der Treue zum Text. Stellungnahme des Rates der EKD zur »Bibel in gerechter Sprache«, 31.3.2007

Trommer, Heide, Gleichstellung in der Diakonie, Juli 2001

www.fembio.org/biographie.php/frau/biographie/margot-kaesmann; abgerufen am 10.12.2011

Presse

Angernstein, Klaus, EKD-Chefin stellt sich in Bayern vor, *Fränkischer Tag*, 13.11.2009

Bingener, Reinhard, Öffentlich fromm, FAZ, 29.10.2009

Böhringer, Simone, Interview Matthias Horx: »Die Finanzkrise ist auch eine Testosteron-Krise«, SZ, 5.10.2009

Drobinski, Matthias, Interview Nikolaus Schneider: »Ich habe keine Karrierepläne«, SZ, 26.2.2010

Feddersen, Jan/Gessler, Philipp, Interview Petra Bahr: »Kultur ist ein Lebensmittel, das stark macht«, taz, 3.6.2011

Gessler, Philipp, Schwerpunkt EKD. Am Mittwoch wählt die Synode der Evangelischen Kirche einen neuen Ratsvorsitzenden. Margot Käßmann gilt als Favoritin, taz, 27.10.2009

Haseborg, Volker ter, Margot Käßmann, Schuld und Bühne, Hamburger Abendblatt, 14.5.2010

Kaiserswerther Mitteilungen 2 (2009), Interview mit Dr. Marianne Dierks, 4

Lorenzo, Giovanni di/Schwarz, Patrik, Interview mit Margot Käßmann: »Reiß dich zusammen, Margot!« DIE ZEIT, 26.8.2010

Lüttringhaus, Jan, Die Schattenseiten der Quote. Erfahrungen in anderen Ländern zeigen: Aus Bevorzugung kann Benachteiligung werden – auch für Frauen, DIE ZEIT, 17.2.2011

Maresch, Rudolf, Bischöfin Reloaded, unter: www.heise.de/tp/blogs/6/147689, 27.5.2010, abgerufen am 12.12.2011

Mayer, Susanne, Mama mia!, DIE ZEIT, 3.2.2011

Meinhof, Renate, Kalter Krieg, SZ, 9.1.2010

Schmoll, Heike, Amt und Person, FAZ, 26.2.2010

Schwarz, Patrik, First Lady des Protestantismus, DIE ZEIT, 5.11.2009

Weiß, Hans Martin, Käßmann Superstar? Beim Bischof keimen Zweifel, *Mittelbayerische Zeitung*, 17.5.2010

Wündrich, Bettina, Du oder ich. Für Männer gehören Machtrituale zur Karriere. Diese Codes müssen Frauen erst mal knacken, SZ, 6./7.8.2011

Wündrich, Bettina, Interview Jutta Allmendinger: »Quotenfrau sein ist hart«, SZ, 03.10.2010

Archivalien

Archiv Berlin – Landeskirchliches Archiv der Evangelischen Kirche Berlin-Brandenburg – schlesische Oberlausitz (LABB)

1 Steglitzer Sonntagsbrief, 24. Stg. n. Trinitatis, 19.11.1939, LABB 29/911.
2 Erlass des Generalbevollmächtigten für den Arbeitseinsatz, 9.9.1943, LABB 14/78
3 DEK, Kirchenkanzlei Berlin, den 24.2.1943, LABB 14/78
4 Geistlicher Vertrauensrat der DEK, am 18.9.1939, LABB 29/517
5 Heinrich am 28.5.1940 an Superintendenten der Mark Brandenburg, LABB 29/715
6 Gesetzblatt der DEK vom 19.6.1940, LABB 10/37
7 Superintendent des Kirchenkreises Brandenburg-Stadt am 24.8. 1942 an das märkische Konsistorium, LABB 14/1015
8 Superintendent von Wittenberge, am 30.6.1942, LABB 14/1015
9 Superintendent von Arnswalde an das Konsistorium der Mark Brandenburg am 5.11.1940, LABB 14/1015
10 Märkisches Konsistorium an alle Superintendenten am 12.11. 1940, LABB 14/1015
11 Aktenvermerk vom 7.1.1941, LABB 14/1015
12 Märkisches Konsistorium an die Superintendenten am 14.1.1941, LABB 14/1015
13 Aktenvermerk vom 7.1.1941, LABB 14/1015.
14 Superintendent von Niemegk an das Märkische Konsistorium am 12.9.1942, LABB 14/1015
15 Vgl. Verwalter der Superintendentur in Züllichau an das Märkische Konsistorium am 26.9.1942, LABB 14/1015
16 DEK Kirchenkanzlei an die obersten Behörden der deutschen evangelischen Landeskirchen am 24.2.1943, LABB 14/78
17 DEK an die obersten Behörden der dt. ev. Landeskirchen am 14.4.1943, LABB 14/78
18 Der Generalbevollmächtigte für den Arbeitseinsatz am 21.8.1943, abschriftlich LABB 14/78
19 DEK Kirchenkanzlei am 7.1.1944, LABB 14/78
20 Märkisches Konsistorium an alle Superintendenten und Pfarrer am 5.10.1943, LABB 14/78
21 DEK Kirchenkanzlei in Stolberg an die obersten Behörden der dt. ev. Landeskirchen am 28.10.1944, LABB 14/78
22 Dienstvertrag zwischen GKR und Elsa Lemcke vom 5.11.1943, LABB 14/78

23 Pfarramt Gassen, GKR an das Märkische Konsistorium am
4.9.1944, LABB 14/1015
24 Vierteljahresbericht des Kreisverbandes Kölln Land I der Evg.
Frauenhilfen am 15.1.1942, LABB 29/585
25 Kollektenbitte zum 20. Juli 1941, LABB 29/590

Archiv Dresden: Bestand des Landesjugendpfarramtes Dresden,
Briefwechsel mit Hulda Zarnack

1 Brief aus Burau, Kreis Sagan, am 20.8.1945, eingegangen in Berlin
am 5.10.1945